华语在东南亚的视听觉传播研究

Research on the Audiovisual Communication
of Chinese-Language in Southeast Asia

周秀杰 ◎ 著

九州出版社 | 全国百佳图书出版单位

图书在版编目（CIP）数据

华语在东南亚的视听觉传播研究 / 周秀杰著. -- 北京 ：九州出版社，2021.10
ISBN 978-7-5225-0568-8

Ⅰ．①华… Ⅱ．①周… Ⅲ．①中文－传播媒介－东南亚－文集 Ⅳ．①G219.33-53

中国版本图书馆CIP数据核字(2021)第199786号

华语在东南亚的视听觉传播研究

作　　者	周秀杰　著	
责任编辑	肖润楷	
出版发行	九州出版社	
地　　址	北京市西城区阜外大街甲 35 号（100037）	
发行电话	(010)68992190/3/5/6	
网　　址	www.jiuzhoupress.com	
印　　刷	北京九州迅驰传媒文化有限公司	
开　　本	720 毫米×1020 毫米　16 开	
印　　张	14.5	
字　　数	200 千字	
版　　次	2021 年 10 月第 1 版	
印　　次	2021 年 10 月第 1 次印刷	
书　　号	ISBN 978-7-5225-0568-8	
定　　价	46.00 元	

项目资助及成果

2019 年度教育部人文社会科学研究一般项目："一带一路"倡议下东南亚华文视听觉传播与话语构建研究（19YJC760172）

厦门理工学院学术专著出版基金

地图分割之处，故事跨越之所

秀杰的著作《华语在东南亚的视听觉传播研究》付梓在即，请我做序。回想起来，秀杰随我攻读博士学位之始，根据其成长环境和学术志趣，再结合厦门这个亦新亦古、亦中亦西的通商口岸城市背景，就确定以东南亚华文传媒作为她未来几年所钻研的对象。

教过书的人都知道，其实指给学生的领域、方向，往往都是教师自己的学术向往之所。自从2005年9月来厦门就职和定居，我的教学、研究乃至生活内容，似乎都不枉与台湾地区和南洋诸国为邻，小时候观赏过的新加坡电视剧《雾锁南洋》中的种种奇丽风光和悲情场景，蓦然眼前。十余年间，我曾数次走访菲律宾、新加坡、马拉西亚，还凭借教育部的"新汉学"计划，指导了印度尼西亚和马拉西亚的两位华裔博士生顺利完成博士学业。当下还担任中国新闻史学会台湾与海外华文传媒研究委员会的会长。也因此，东南亚的华文传媒和文化，激起了我极大的兴趣。

这一兴趣，既是"为学术"的，也是"为人生"的。2006年在马尼拉,一位国民党出身的华人老报人提及民进党人声色鄙夷,谈到共产党倒多了些许宽和之气;2015年拜访新加坡怡和轩(陈嘉庚等创办),华社贤达们所表露出来的经过岁月淬炼的坚韧和旷达,令人印象深刻。还有负笈追师的东南亚华裔学生,包括我在厦大教过的,在台湾校园接触到的,个个都笃实敬业,坦诚可爱。由人及事,我常常思考,中华文化在海外的传承过程中所发生的坚守、碰撞、融合、嬗变,究竟可归因于血缘和文化,还是经济和社会;关于海外华文传媒研究,我们是要探求超然物外的客观规律以指导现实,还是想寻求对于情境和人物的理解以把握未来。

我一直以为,所有的文科学术研究,其实都是"人学"——关于人、为了人、理解人、同情人。政治也好,文化也罢,固然可以化约为抽象的理论原则,但学术逻辑背后的活生生的人物及其命运与故事,尤为珍贵。秀杰的这本著作,是多年学术累计的果实,涉及领域广,视野开阔。她先是从东南亚华语传媒着手,针对纪录片、电影和广播电视做深入细致分析;再由传媒现状追溯到东南亚的华文教育以及具有重大历史影响的教育机构——南洋大学,试图厘清教育、艺术与媒体间的互动关系。书中比较注重一手文献的运用(秀杰利用访学机会,搜集到了很多稀缺的影像资料)。口述历史方法及成果,也是该书的特色之一。概括来看,《华语在东南亚的视听觉传播研究》题材多元,体例多样,但贯穿其中的线索很明了——语言、传播与认同,出版后,一定会显现出难以替代的价值。

我比较欣赏 Michel de Certeau 所说的这么一句话:为地图所分

割的地方，正是故事可跨越之处（原文：What the map cuts up, the story cuts across）。东南亚华文传媒研究，需要突破边界、跨越藩篱：政治、经济、文化、族群等领域，为其存在背景；现代性、文化融合、政治传播、国际政治诸问题，在此交汇；实证的、人文的、历史的等方法，相互交织。当然研究者自己，也需要具备感知多元情境的能力。这是学术研究的富矿，也是学者的快乐家园。

秀杰目前正在围绕"文化认同"问题，写作自己的博士论文，相信她有此书打底，最终能交出一份满意的学位论文来。

阎立峰

2021 年 11 月 9 日于厦大南光二 321

前　言

　　已有海外华文传媒的研究大多局限于报刊，对纪录片、电影、广播电视领域的研究较少。20世纪90年代起技术革新与各国政策放宽促使东南亚华语视听觉传播再度发展，纪录片、电影、广播电视成为了东南亚华语媒介从业者表达的场域。为顺应理论与实践的不对等，提升东南亚华语媒体传播中华文化、构建海外华人话语的能力，对东南亚华语视听觉传播的研究具有必要性。目前东南华语精品原创节目有待加强，基于此现实，笔者指导学生做口述历史"下南洋"实践，并以此为基础创作闽南语、普通话双语系列广播节目《口述南洋》，以理论促实践，从实践回归理论。

　　纪录片、电影、广播电视内容生产是一种"社会实践"，是建构和传播政治、文化符号的重要媒介。本书研究落点是华语传播与族群认同、文化认同的关系，第二章节把东南亚华语视听觉传播分为华语纪录片、华语电影和华语广播电视几个部分，分析其生产与传播现状；第三章节以新加坡为例，探讨新加坡华文教育、华语艺术与华语媒体三者的关系；最后，本书以笔者指导的课题成果口述历史"下南洋"为例，探讨华侨华人口述史的媒介实践与理论探索。

本研究运用知识考古、影像民族志等研究方法，采用口述历史、新闻报道、深度访谈等研究素材，对相关问题进行深入探讨。本书选取新加坡南洋大学、新加坡新谣作为个案研究对象进行深入分析，这在内地学界属先例。

目　录

第一章　研究缘起

第一节　选题背景与研究价值

一、选题背景

东南亚是一个世界地理概念，包括中南半岛和马来半岛，由十一个国家组成，由于东南亚地处亚洲与大洋洲、太平洋与印度洋的十字路口，不仅在中国地缘政治中发挥重要作用，而且在世界地理版图中占据重要地位。

东盟是东南亚国家自发的，以经济合作为基础的政治、经济、安全议题会的合作组织，2003 年 10 月，东盟提出了东盟共同体的构想，其中就包括了"东盟社会文化共同体"（ASCC）[①]。2015 年，东盟十国成立东南亚经济共同体（AEC）。中国重视与东盟国家的关系，2020 年 11 月，中国等国和东盟十国正式签署了 RCEP 协定。

[①]　东盟共同体 [DB/OL].http://www.businessinasean.com/zh/about-asean-2/introduction-to-asean/asean-community.html.2020-2-28/2021-3-1.

　　"南洋"是中国明清时期对东南亚部分地区的称呼，自明清以来，中国福建、广东等地沿海的人口因躲避战乱、海外谋生、殖民地开发招工等原因向东南亚地区迁徙，史称"下南洋"。"下南洋"是中国人口迁徙历史上与"闯关东""走西口"并称的移民潮，在中国的移民史上占据重要地位。东南亚政界和学界等称呼东南亚的华人为东南亚"华族"（Ethnic Chinese）[①]，这是世界各国移民中颇具代表性的族群，对研究他国"移民"具有重要研究价值。

　　历史上中国移民沿着"海上丝绸之路"到南洋寻求生存与发展，如今东南亚是中国推行"一带一路"倡议面向的重点区域。

　　中共中央总书记、国家主席、中央军委主席习近平在中国共产党的十九大报告中指出，要积极促进"一带一路"国际合作，努力实现政策沟通、设施联通、贸易畅通、资金融通、民心相通，打造国际合作新平台，增添共同发展新动力。[②]中国重视与东南亚各国的影视交流，2017年12月1日—4日，中国—东盟中心倡议并与中国东盟协会、中国国家新闻出版广电总局共同主办的中国—东盟电影节在马来西亚首都吉隆坡顺利举行[③]。2018年11月，习近平总书记首次对菲律宾国事访问之际，国家广电总局举办中国优秀电视剧菲律宾推介会。[④]2020年4月，国家广电总局向菲律宾捐赠国产电视剧、

---

① 见于李光耀（Lee Kuan Yew）、廖建裕 (Leo Suryadinata) 等的观点。

② 习近平. 习近平在中国共产党第十九次全国代表大会上的报告 [N], 2017, 10(28):1.

③ 刘彤，林昊 .2017 中国—东盟电影节在马来西亚开幕 [DB/OL]. 新华网 . 2017-12-4/2020-2-28.

④ 赵益 . 深化中菲影视合作："影像中国"在菲律宾举行推介会 [DB/OL]. 人民网 .2018-11-20/2020-2-28.

纪录片、动画片等。影视交流是国家间文化交流的一种形式，通过文化交流，双方可以进一步增加对于文化的理解与沟通，为两国政治、经济等方面的合作打下良好基础。①

东南亚是"一带一路"建设的重点地区，也是华侨华人分布的重要区域。至 2007 年—2008 年，东南亚华侨华人约 3400 万，占全球华侨华人人口的 74%②，与世界其他国家的华人相比，因其保留了较多中华民族的宗族观念、风俗习惯、文化信仰、语言文字等，成为海外华人研究的重要窗口。

2018 年 5 月，刘华通过对东南亚 5 国 12 地区华人社群开展问卷调查发现：东南亚华人普遍倾向使用语音和图像作为载体的华文媒体，如广播、电影、电视。而以文字为载体的媒体使用则明显受语言水平的影响③。该研究对本书设定研究对象为"华语在东南亚的视听觉传播"有重要启发。

语言是文化的载体，东南亚华人对华语的认同感与对文化的认同感紧密联系。但从现实来看，海外华语媒体由于受到诸多因素的影响，在构建当地华人话语方面存在不足，如何继续发扬其承载传扬中华文化的重要功能，仍旧是东南亚华语媒体当前面临的最大挑战之一，亟待学术研究。

---

① 张曦.广电总局向菲律宾捐赠多部影视剧 支持菲抗击疫情.中国新闻网 DB/OL.2020-4-10/2021-2-28.

② 庄国土.海上丝绸之路与中国海外移民 [J].人民论坛,2016(08):244-246.

③ 刘华,黎景光,王慧.面向东南亚华语语言规划的语言态度调查研究 [J].语言文字应用,2018,(02):11-19.

　　已有东南亚华文（华语）传播的研究大多局限于报刊，对广播、电视、新媒体领域系统的研究较少。近年来东南亚华语视听觉传播力大幅提升，华语广播、电视、纪录片、电影等制作初具规模。为顺应理论与实践的不对等，提升东南亚华语媒体传播中华文化、构建海外华人族群话语的能力，东南亚华语视听觉传播研究具有必要性。

　　研究东南亚华语媒体的本土内容生产与传播研究，可以从人类学的角度对东南亚华人的族群认同进行审视，可以从文艺学的角度对东南亚华族在当地的话语构建进行剖析，可以从叙事学的角度对东南亚华语媒体的话语进行分析，可以从传播学的角度对华语媒体在东南亚华人群体中的传播进行研究，东南亚华语的视听觉传播研究具有可行性，对东南亚华语视听觉传播的研究，有助于解读"一带一路"沿线东南亚国家华人族裔媒介传播景观和当代华侨华人文化艺术实践现状，为国家政策制定提供理论依据。通过研究分析提出构建海外华人族群认同的影像叙事框架，有助于提升海外华人凝聚力，为"一带一路"提供基础动力。东南亚华语视听觉传播具有重要现实意义。

　　本书以新加坡作为一个观察点，既是因为新加坡与东南亚其他国家密切相关，新加坡媒介发展受到东南亚其他国家影响较深，又是因为新加坡华人的认同研究是海外华人认同研究的重要窗口。新加坡是东盟的发起国，是东南亚唯一的发达国家。新加坡是除了中国以外，世界上以华人人口为主的国家，是杜维明所述"文化中国"

中，唯一一个位于中国海外的国家。新加坡曾经建立过第一个，也是迄今为止唯一一个海外综合性华文大学，新加坡年轻人自创歌谣新谣，也是以华语为主要语言媒介的艺术形式，本书将探讨华文教育与华语文化艺术对华语视听觉传播的影响。

二、研究价值

（一）从文化研究视角观察族裔与媒体

东南亚政界和学界等称呼东南亚的华人为东南亚"华族"（Ethnic Chinese），这是世界各国移民中颇具代表性的族群。传播学领域的文化研究是一种微观的、阐释性的理论，它关注个人与社会团体如何运用媒介来创造和培育构筑我们日常生活的文化形态。[①]文化研究的两种路径包括文化研究的人文传统和社会科学的学科路径。欧美国家已有的族裔媒体相关研究，选取学科角度相对单一，东南亚华族媒体的已有研究中，这两种路径也未做较好融合。从文化研究的视角观察媒介与族群，可以把两种研究路径融合起来，这对世界移民社会中族裔媒介研究具有借鉴意义。

（二）传播学研究的诠释主义研究范式的探索

媒介人类学研究属诠释主义研究范式，是与客观经验主义、批判理论并列的社会研究三大范式。目前客观经验主义早已占据了传播学史的中心地位，批判理论已经实现了"分一杯羹"的目标，那么

---

① 刘燕.后现代语境下的认同建构[D].浙江大学,2007.

目前传播学史体系中缺少的就是诠释主义范式——其典型代表正是人类学媒介研究。[①] 本研究借鉴美国文化研究实用主义的传统，融合人类学民族志、社会学、政治经济学等的学科理论，对传播学研究的诠释主义研究范式作有益探索。

（三）东南亚华语媒体的认同研究问题拓展

目前，中国东南亚研究，基本围绕经济、政治、社会等展开研究，已有的东南亚华语传媒研究基本上是报刊研究。目前中国对东南亚华语的视听觉传播媒体，如广播、电视、电影等已经陆续有一些研究，但整体数量不多，对这些问题的研究方法较为简单，基本上为访谈法，内容也多是华语媒体概况的综述。华语影像的认同研究虽然有一定学理分析，但是已有研究缺乏一定的研究设计与研究框架，研究的结果也少有深刻见解。本研究以东南亚华语纪录片、电影、广播电视为例，设计一定的研究框架，运用一定的研究方法，着重探讨文化认同问题。

三、应用价值

（一）"一带一路"倡议下东南亚的华语与中华文化传播

东南亚是"一带一路"建设的重点地区，是华侨华人分布的重要区域。语言是文化的载体，东南亚华人对华语的认同感与对文化的认同感紧密联系。但事实上，海外华语媒体由于受到诸多因素的影

---

① 张放.传播学史视域下媒介研究"民族志转向"之辨及其价值探析 [J].南京社会科学,2018(06):108-117.

响，发展程度参差不齐，如何继续发扬其承载传扬中华文化的重要功能，仍旧是东南亚华语媒体当前面临的最大挑战之一，亟待学术研究。

（二）以研究带实践，制作东南亚华侨华人口述历史节目

东南亚各国华语传媒发展参差不齐，整体来说，新马等国的华语传媒发展较为成熟，其他国家华语视听觉传播有待提升。东南亚本土华语节目存在原创自制节目较少，整体制作水平低，传播有待提升等问题，基于此现实，笔者于2019年9月—2020年7月指导团队创作东南亚华侨华人口述史系列节目《口述南洋》，该节目使用闽南语、普通话双语制作，虽然在制作后期遇到了新冠疫情的影响，打乱了原来出国采集口述史的计划，但节目组依然坚持节目制作，并且探索出在新媒体环境下口述历史采集的新方法。

（三）增强华人社群内部凝聚力，构建华人社群在住在国的影响力

节目文本深层结构是知识权力的隐匿。从全球视野上看，承认节目文本的主观意识形态色彩，有利于在国际传播中，寻求更有优势的话语为族群发声，积极争取华人在国际话语体系中的有利地位。

第二节　文献综述

一、已有研究梳理

（一）国外研究

1. 人类学视角下的族群与族群认同研究

族群认同（Ethnic Identity）是族群（Ethnic Group）研究的核心议题之一。以研究少数族群和小型社区见长的人类学进入华人身份认同与政治效忠研究领域，在族群理论的原生论与建构论影响下，人类学东南亚华人认同研究呈现同化与多元文化范式交替出现的景观。[①]

20 世纪 50 年代族群认同的主流观点是原生论（Primordialism），对这一时期的东南亚华人认同研究产生巨大影响，田汝康（1953）、埃利奥特（1955）、弗里德曼（1957）、施坚雅（1958、1967）、维尔莫特（1960）、阿米欧（1960）、维莫特（1967）、克瑞斯曼（1967）、前田（1967）、李亦园（1970）等的观点有华人性（Chineseness）是华人移民及其后代与生俱来的族性，但族群认同并不必然与政治认同相冲突，特别是当华人需要在自身文化与所在国文化中寻找平衡点以获得生存下去的机会时。

20 世纪 80 年代以后，族群理论中的建构论（Constructionism）

[①] 章立明 . 当代人类学视域中的东南亚南亚华人研究——从一个综述的视角 [J]. 云南社会科学 ,2017(04):84-92.

观点开始占据上风，其核心观点是认为社会成员的身份认同并不是原生的，而是在社会互动中不断改变的。一批东南亚华人学者，关注华人身份认同与族群建构问题：王赓武（1987、1988）、廖建裕（1993）、陈守国（1988、1989）、洪玉华（1990、1996、1997）、林开忠（1999）、何国忠（2002）、安焕然（2003）、黄子坚（2013）等人有相关论著。

大众传播与族群认同构建的辩证关系多研究移民的族群认同问题，代表作有本尼迪·安德森的《想象的共同体》，安德森论证了语言、媒介与族群认同的密切关联性，他认为"民族本质上是一种'现代'的想象形式"。①1980年柯雪润对马来西亚4个城市的田野调查，研究当地观众对来自中国大陆、香港和台湾等地大众传媒(电视、录像和电影)的偏好②。

2. 媒介人类学

媒介人类学（media anthropology）起源于人类学，英国人类学者弗朗西斯科·奥索里奥(Francisco Osorio)给出了一个相对恰当的界定：媒介人类学是一个研究文化如何通过大众媒介来塑造社会的人类学研究领域。

英国学者戴维·莫利(David Morley)在20世纪80年代前期完成

---

① ［美］本尼迪克特·安德森，吴叡人译.想象的共同体：民族主义的起源与散布[M].上海人民出版社，2003:9.

② 章立明.当代人类学视域中的东南亚南亚华人研究——从一个综述的视角[J].云南社会科学,2017(04):84-92.

的《全国新闻》(*Nationwide*) 节目受众研究和家庭电视研究，①被认为在传播学史上具有标志性的意义，被视为"媒介研究的诠释主义转向"②和"媒介研究的民族志转向"③，并被认为是"媒介研究人类学取向"的开端④。

美国学者克利福德·格而兹（Clifford Geertz）的文化人类学与罗蒂（Richard Rorty）的新实证主义对以社会学科切入的美国文化研究发展做出了贡献。詹姆斯·凯利（James Carey）把传播作为扎根于文化"仪式"行为的美国本土经验研究，强调基于社区的市民参与，以及从谈话的话语中研究传播。

人类学的民族志可以为媒体受众研究借鉴，有利于分析处于多重语境下受众的身份特征和文化的复杂性。还有一些文化研究学者专注于媒介文化层面的身份认同，如美国学者道格拉斯·凯尔纳（Douglas Kellner）、英国学者凯文·罗宾斯 (Kevin Robins) 等。

3. 族裔媒体

族裔媒体（Ethnic Media）是指由移民或人种、民族、语言上的

---

① 研究成果分别为两部专著:《〈全国新闻〉节目受众：结构与解码》(1980) 和《家庭电视：文化权力与家庭式休闲》(1986)。见于 David Morley, *The "Nationwide" Audience: and Decoding.* London: BFI, 1980. &David Morley, *Family Television: Cultural Power and Domestic Leisure*, London: Comedia, 1986.

② Evans, W. A. The interpretive turn in media research: Innovation, iteration, or illusion? *Critical Studies in Mass Communication*, 1990(7), 147 -168.

③ Schrøder KC. Audience Semiotics, Interpretive Communities and the 'Ethnographic Turn' in Media Research. Media, *Culture & Society.* 1994;16(2):337-347.

④ 张放. 传播学史视域下媒介研究"民族志转向"之辨及其价值探析 [J].南京社会科学,2018(06):108-117.

少数人群生产的，并面向上述人群的媒体，以罗伯特·帕克与斯图亚特·霍尔的两项研究最具代表性。罗伯特·帕克（1922）认为移民报刊作为社会控制手段，能够帮助移民适应美国城市生活进而实现"美国化"，斯图亚特·霍尔（1990）从"相似性、连续性"与"差异、断裂"两个不同维度上阐释黑人的文化认同与文化身份，他们各自代表了族裔媒体研究的两种不同思路——功能主义分析和文化研究，作为族裔媒体研究重镇的北美传播学界，功能主义范式依旧居于主导地位。

传播学界有关"族裔"的早期研究，多将"媒体"与"族裔"视为彼此独立的范畴，重点关注二者之间的互动关系。全球化背景下，"族裔媒体"近年来已成为西方传播学界的新兴研究前沿，然而中国学界目前对这一领域的关注还十分匮乏。传播学界有关"族裔媒体"的一系列研究成果，主要围绕媒介生产、媒介呈现、媒介消费三大议题展开。

本研究受此启发，聚焦于"族裔媒体"的媒介生产和媒介呈现过程，以东南亚华语纪录片、电影、广播电视在生产过程中的表意实践为核心、以话语规训为重点，通过话语分析，探寻东南亚华语视听觉传播中创作者意图以及媒介呈现。

4. 后殖民主义

19 世纪末 20 世纪初，人类科学经历自索绪尔以来的"语言学转向"①。后结构主义思潮中的话语转向以本维尼斯特和福柯等人的

---

① 语言学转向（the Linguistic Turn），最早是由奥地利学者伯格曼（Gustav Bergamann）提出的。参见：何平.西方历史编纂学史 [M].北京：商务印书馆，2010:353.

理论为代表。殖民主义与新殖民主义主要关注的是西方宗主国与殖民地国家或第三世界国家的政治、经济关系。那么后殖民主义理论（Postcolonialism）则集中关注第三世界国家与西方殖民主义国家的文化上的关系，因此，后殖民主义又称文化殖民主义（Cultural Colonialism）①。

后殖民主义理论思潮曾在 20 世纪 80 年代后期至 90 年代初取代后现代主义理论思潮，雄踞西方文化理论界。它的主要理论基石是福柯、德里达的后结构主义的解构和"非中心化"思维模式，以及赛义德挑战西方文化霸权主义与强权政治的"东方主义"。②他们挑战了黑格尔、康德等构建的宏大叙事，对知识、话语、权力等问题进行重新审视。

5. 文化研究与离散族裔媒体

英国文化研究起源于文学研究，威廉斯、霍加特、汤普森和霍尔等学者吸取了法兰克福学派、法国结构主义与文化霸权（Culture Hegemony）理论，以及英国的激进思想，强调知识的主体构成和社会构成，批判意识形态支配与政治权力控制，把文化视为一种普遍的、日常生活的产物而被广泛生产、分配与消费。文化不仅是特权精英的创造，而且是全体社会角色的共同创造。以社会学为源头的美国文化研究，浸润着实用主义与激进历史学者的观点，格尔兹的文化人类学与罗蒂的新实证主义对此都有所贡献，代表人物有凯利、

---

① 陶东风.后殖民主义[M].台北：扬智文化事业股份有限公司,2000(2):3.

② ［英］罗伯特·杨.后殖民主义与世界格局[M].南京：译林出版社,2008(6).

葛罗斯伯格、吉特林等①。

英国文化研究的创始人斯图亚特·霍尔②从离散族裔媒体的角度出发，通过对加勒比黑人电影的符号、话语分析，对黑人"文化认同"与"文化身份"等问题进行了探讨。

知名华裔学者洪美恩（Ien Ang）是华人流散（Chinese Diaspora）研究的先驱之一，其著作《观看〈达拉斯〉》运用了民族志的研究方法，著作《论不说汉语》探讨流散（Diaspora）、多元文化主义（Multiculturalism）和混杂性（Hybridity）等问题。

6. 东南亚华文传媒

东南亚华文传媒研究海外主要集中新加坡、马来西亚等国家学者或媒体从业者，主要有三个维度：（1）历史梳理：如王慷鼎的《新加坡华文报刊史论集》，叶观仕的《马新新闻史》；（2）现状研究：如崔贵强的《新加坡华文报刊与报人》《东南亚华文日报现状之研究》等；（3）报人经验谈：如李卓辉的《印华先驱人物光辉岁月：印尼华人报刊和独立先贤史话》，朱自存的《纵观华报五十年——马来西亚华文报发展实况》，叶观仕的《马新新闻史》，郑文辉的《新加坡华文报业史》，林景汉的《独立后华文报刊》等，这些媒体工作者多是根据自己亲身经历的总结，学理性有待提升。

---

① ［英］斯托克斯，黄红宇、曾妮译 . 媒介与文化研究方法 [M]. 上海：复旦大学出版社，2006(1):5.

② Hall, Stuart.*Cultural identity and diaspora*[A]. Jonathan Rutherford (ed.). Identity: community, culture, difference[C]. London: Lawrence.1990:222-237.

7. 东南亚研究

西方东南亚区域研究者，涉及东南亚华人研究，但对东南亚华人媒体研究甚少。东南亚区域研究以康奈尔大学、耶鲁大学、南加州大学等为代表，发展受到西方战争与政治的影响。最为知名的是本尼迪克特·安德森 (Benedict Anderson) 系列著作。冷战时期，由于西方阵营政府的经费支持导向，东南亚区域研究成为学术热点，施坚雅 (G. William Skinner)、埃利奥特 (Alan J. A. Elliott)、弗里德曼 (Maurice Freedman)、维尔莫特 (Donald E. Willmott)、阿米欧 (Jacues Amyout) 等，多从人类学等学科领域，把研究对象聚焦于东南亚华人。

西方汉学家，他们多从外部视角研究华人的移民史，涉及东南亚华人移民问题。美国著名汉学家孔飞力在《他者中的华人：中国近现代移民史》中把海外华人放在世界移民的叙事场中进行审视，从广阔的时空跨度上对东南亚华人问题进行了深刻探讨。哈佛大学费正清（Michael A. Szonyi）中国研究中心主任宋怡明的《明代军事制度和东南亚华侨史》。

东南亚区域的研究有：新西兰学者尼古拉斯·塔林（Tarling Nicholas）编有《剑桥东南亚史》，本书全面展示了从原始社会到 19 世纪初的东南亚历史。美国学者本尼迪·安德森著有《比较的幽灵：民族主义、东南亚与世界》等，但这些东南亚研究对于东南亚华人的关注不够。

在新加坡，二战前已经开始东南亚研究，1940 年南洋学会成立，

《南洋学报》是学会刊物，1968 年东南亚研究所成立，并主办多种刊物与专著，东南亚研究迅速发展，新加坡国立大学在 1991 年推行东南亚研究计划，将东南亚研究推向高潮[①]。

8. 东南亚电影

东南亚华文传播的研究者主要集中在欧美国家以及东南亚新加坡、马来西亚等国，这些学者侧重从区域研究角度研究华文报刊，然而对视听觉传播领域的广播、电视、电影、纪录片等研究，只有少数学者关注：*Visuality and identity: Sinophone articulations across the Pacific* (Shih S, 2007). *Reading Chinese Transnationalisms Society, Literature, Film*（Maria N.Ng & Philip Holden，2006）；*Transnational memory and popular culture in East and Southeast Asia : amnesia, nostalgia and heritage*（Liew Kai Khiun, 2016）等。在日本，也有部分学者研究新加坡电影，如盛田茂的《从政治观点所见的新加坡电影史》、藤井省三《新加坡电影在日本的接受》等。

新加坡南洋理工大学的许维贤专注于东南亚华文电影等，著有 *Accented Style: On Namewee's Sinophone Malaysian Film and Rap Songs* 以及 *Malayanized Chinese language cinema on Yi Shui's Lion City Black Gold and film writings* 等系列论文与著作。

Postcolonial Hangups in Southeast Asian Cinema: Poetics of Space, Sound, and Stability 论文集当中，有多篇关于新加坡电影的

① ［新加坡］廖建裕 . 东南亚与华人族群研究 [M]. 新加坡：新加坡青年书局，2008 (2):17.

论述，但缺乏对新加坡电影的系统论述。Kenneth Paul Tan 有多个新加坡影视的研究成果：2004 年发表了 *Ethnic representation on Singapore film and television*，2008 年出版了 *Cinema and Television in Singapore: Resistance in One Dimension*，2010 年发表了 *Pontianaks, Ghosts and the Possessed: Female Monstrosity and National Anxiety in Singapore Cinema*。这些内容没有针对华语影像，对认同研究的探讨少，缺乏对 21 世纪一二十年代新加坡电影的专门研究。

9. 离散华语与移民叙事

马来西亚人类学家陈志明认为，不能将所有华人移民和他们的后代都描述为"离散华人"（Chinese Diaspora），落地生根的移民不能称为 Diaspora[①]。这个观点跟史书美一致，而我国台湾学者张锦忠认为，"离散华人"的后代即使不离散，也是"离散华人"，因为"名义与本质上难以摆脱其离散历史、文化及族裔性"。[②] 笔者认为，离散应该是一个文化范畴的概念，离散与否的标准，应该与"是否保有族裔的语言、文化、移民历史等"有关，如果在地华人已经忘却了移民历史，本族裔的语言文字，就不能称为"离散"，只能属于生物学意义上的"华人"，反之，如果二代以上华人仍然对文化母国保

---

① 陈志明.迁移、本土化与交流：从全球化的视角看海外华人 [A].廖建裕、梁秉赋.迁移、本土化与交流：华人移民与全球化 [C].新加坡：华裔馆，2011：7.

② 张锦忠.我要回家：后离散在台马华文学 [N].星洲日报，2009，2（8）.

有相当的文化认同与情感依赖,则可以称为"离散华人"①。因此,保有族裔集体记忆(Collective Memory)的方式是口耳相传或是媒介记录,过去是运用印刷术的新闻、文学作品等,随着媒介技术的发展,纪录片可以保留记录原生态族裔生活和生产方式,是延续族群记忆的重要载体。

如前所述,离散历史的记录与记忆是"离散华人"的判断标准。而叙事的媒介具有多样性,罗兰·巴特的《叙事作品结构分析导论》当中阐述了叙事的跨媒体特性:"世界上叙事作品之多,不可胜数。种类繁多,题材各异,对人来说,似乎什么手段都可以用来进行叙事:叙事可以用口头或书面的有声语言,用固定的或活动的画面……叙事存在于神话里、传说里、电影里、连环画里、社会新闻里、绘画里。而且,以这些几乎无穷无尽的形式出现的叙事,存在于一切时代、一切地方、一切社会。有了人类历史本身,就有了叙事。任何地方都不存在没有叙事的民族。"②因此除了文学,具有视听觉传播属性的电视、电影、新媒体等,同样可以承载移民叙事。

关于移民叙事的研究,主要集中于美国,有美国瓦伊勒·S. 哈桑(Wail S. Hassan)的《移民叙事:阿拉伯裔英美文学中的东方主义与文化翻译》,该书是首部关于英美阿拉伯移民整体文学传统的研究著

---

① 尽管王赓武等人认为"离散华人"用来描述非新移民的东南亚华人容易使华人的住在国产生政治效忠的疑虑,但是从文化认同的角度来说,对文化母国的文化的认同强烈与否,应该成为判断标准,而此标准不应只是判断群体,应该强调个体属性。例如,因热爱中华文化而在中国的华裔留学生,接受中国教育,强烈认同中华文化,回到住在国,继续从事华文教育等事业,应该认为其是"离散华人"。

② 王泰来等编译. 叙事美学 [M]. 重庆:重庆出版社,1987:60.

作。美国著名汉学家孔飞力在《他者中的华人：中国近现代移民史》中把海外华人放在世界移民的叙事场中进行审视，从广阔的时空跨度上对东南亚华人问题进行了深刻探讨。

（二）国内研究

1. 媒介与认同

20世纪70年代末西方族群概念和理论传入中国，中国台湾历史人类学者王明珂《华夏边缘：历史记忆与族群认同》运用"边缘研究"的方法，研究华夏边缘人群如何通过历史记忆与失忆来成为华夏人或非华夏人。费孝通《乡土中国》中的"差序格局""中华民族多元一体格局"的阐述，至今对族群认同理论在中国本土化的发展有着深远影响。

认同的已有研究多从国际政治学、哲学、教育学、文学人类学等学科领域探讨，媒体与认同研究相对较少。港台方面有张京媛（1997）、林静伶（1999）、蔡笃坚（2001）、朱全斌（2000）的相关研究，他们主要是从中国台湾的地缘政治出发，探讨媒介生态与台湾民众国族认同的相互关系，虽有现实意义，但是研究有狭隘、偏颇之嫌。大陆媒介与认同的较少，见于少数博士论文中。

2. 文化中国与新儒家

1987年以来，海峡两岸暨香港学者就关照了"文化中国"的概念，美籍华人杜维明拓展了这一概念，阐述"文化中国"涵盖三个意义世界。杜维明认为"文化中国"的第一意义世界包括海峡两岸暨香港、澳门和新加坡，主要由文化和种族三属于"华人"所组成的世界；第二意义世界是第一意义世界以外，散居于世界各地包括东亚、东南亚、南亚、太平洋乃至美洲、非洲等世界各地的"华人社会"；第三意义世界是国际上从事中国研究以及关切中华文化的学者、知识分子等国际友人群体[①]。

杜维明还是新儒家的代表人物，他认为智识分子等要促进文化中国三个意义世界的健康互动，针对新加坡建国后一味推崇西方文化的现象，1982年新加坡教育发展总署邀请了杜维明、余英时、许倬云等八位教授，就新加坡中学的"儒家伦理"课程进行讨论。

3. 媒介人类学

中国对于媒介人类学的实践始于21世纪初，由人类学和传播学两部分学者完成，虽然这些学者未明确说明使用媒介人类学研究方法，但是研究对象为媒介实践以及使用的民族志等人类学研究方法，接近于西方的媒介人类学研究。

目前国内学界对媒介人类学研究的关注更多在学术史的梳理方面。主要有《传播学史视域下媒介研究："民族志转向"之辨及其价值探析》（张放，2018）、《媒体人类学：概念、历史及理论视角》（郭建斌，2015）、《媒体与受众人种学研究的进路》（李春霞，2005）、《西方媒体人类学研究简述》（李飞，2006）及《媒介化世界里人类学家与传播学家的际会——文化多样性与媒体人类学》（李春霞、彭兆荣，2008）等五篇。

---

① ［美］杜维明. 文化中国的认知与关怀 [M]. 台北：稻香出版社，1999(4).

4. 东南亚研究

中国大陆对东南亚的研究，始于 1984 年姚楠教授对东南亚历史研究文章。中国的东南亚学者可以划分为三个群体。

第一代东南亚学者在新中国成立前接受大学教育，后转至东南亚研究，是中国东南亚研究的先驱，代表人物是姚楠、田汝康、朱杰勤、韩振华等。

第二代东南亚学者有二十余名，至少有十人是海外归侨，这些人在中国成立后接受大学教育，在北京大学、暨南大学、厦门大学、中山大学、广西大学等高校从事研究工作。

第三代东南亚学者都出生于中国，在中国大学接受基础教育，大多数有海外学习研究经历。他们大多数在北京大学、厦门大学、暨南大学、中山大学等学校有学习、工作经历。[①]

还有我国港台地区的黄连枝等人，他们的论题主要围绕东南亚政治、经济、文化、社会等方面展开，对东南亚传媒领域的研究较少关注。他们的著作多基于中文资料撰写，而非东南亚原始资料或西方资料，著作也多是中文，难以与东南亚和西方的东南亚学者形成对话。

5. 东南亚华文传媒与认同研究

国内学者对东南亚华文传媒的关注始于 20 世纪 80 年代，有吴庆棠（1997），程曼丽（2001），赵振祥（2006），彭伟步（2012），申启武、曹鋆（2015）等。近几年，彭伟步（2017）、蔡敏玲（2018）

---

① 廖建裕. 近三十年来研究东南亚的中国学者：一个初探性的研究 [A]. 东南亚与华人族群研究 [M], 2008(2):27-41.

对东南亚青少年的媒介接触习惯、海外华文新媒体发展等有所涉及，多以个别论文的方式呈现，缺乏系统论著。

近几年，代帆（2015）、胡春艳（2015）、胡安琪（2016）、沈玲（2017）等针对东南亚华裔新生代，从对华认知、文化认同、族群认同等角度展开研究，但使用的研究方法较为单一，基本为问卷调查法。

6. 东南亚电影

中国对东南亚电影缺乏特别关照，2014年北京师范大学成立亚洲与华语电影研究中心，中心主任周星自2014年起，每年编撰一部《亚洲电影蓝皮书》，涉及东南亚新加坡、马来西亚、泰国、印尼、缅甸、越南等国家。这些内容多为该国电影情况概述，缺乏深入剖析，也缺乏对于华语电影的专门研究。

关于东南亚华人与电影的研究，中国有少数学者开始关注，有吴杰伟的《从华侨华人参与东南亚电影产业的历程看自身社会角色的变迁》[①]、梁明柳的《东南亚电影中的土生华人文化现象解读》[②] 等，但这些文章多为对东南亚华人电影的梳理与概括，缺乏深入研究与探讨。

中国已有新加坡电影研究基本是综述，缺乏深入探讨。已有研究对于梁智强、邱金海等电影导演作品讨论过于频繁，缺乏从文化研究视角对于主创作者的研究。

---

① 吴杰伟. 从华侨华人参与东南亚电影产业的历程看自身社会角色的变迁 [J]. 暨南学报 (哲学社会科学版),2014,36(07):1-8.

② 梁明柳. 东南亚电影中的土生华人文化现象解读 [J]. 电影文学 ,2013(11):8-9.

已有研究虽然探讨华语语系问题，但是与东南亚电影结合的研究较少。虽然涉及认同，但是认同的研究基本基于影像阐释，运用符号学分析的阐释也不够到位，基本上是对电影情节描述。已有的研究基本集中于邱金海、梁智强、陈哲艺等几位电影人，对新加坡1995年以来的电影发展缺乏横纵向对比，研究的新加坡电影基本在2010年之前。

7. 移民叙事

在中国，相关学者有所涉及移民叙事，但主要集中于文学、电影等领域。学者程国君的《全球化与新移民叙事：美华文学与北美新移民文学研究》主要是对美国华人移民文学作品的研究。杨慧《他者的崛起与失落——谈全球化语境中土耳其移民电影叙事的意义》从人类学、文艺学的角度对德国的土耳其独立电影"移民叙事"进行研究，[①]对本研究从移民叙事的角度研究东南亚国家的华人影像具有借鉴意义。

8. 华语语系电影、华语电影与中华电影

Sinophone（华语语系电影）是史书美提出的概念，她借用了法语系电影的概念，用华语语系电影指代中国内地以外的华语电影，该概念的提出主要在于批判"中国中心论"，强调反一元、永恒的"中国性霸权"。鲁晓鹏等对这一概念的提出持反对意见，认为该概念预设了中国内地电影"霸权"，但实际上所谓的"霸权"并不存在。

---

① 杨慧."他者"的崛起与失落——谈全球化时代德国多元文化语境中土耳其移民电影叙事的意义 [J]. 当代电影 ,2010(05):130-134.

鲁晓鹏提出华语电影是在海峡两岸暨香港、澳门内用华语（汉语、汉语方言和少数民族语言）拍摄的电影，它也囊括在海外、世界各地用华语拍摄的电影。[①]中山大学中文系教授陈林侠批判了华语语系电影、华语电影概念的不足，指出华语电影强调语言的同一性，就不可能研究跨语际的"非华语"电影（包括华人拍摄的英语电影）。华语语系电影、华语电影所强调的重点各异，也具有自身的盲点或者局限[②]。

张经武认为，"华语电影"的提出虽然从语言的角度出发，包容了海峡两岸暨香港、澳门和海外华人拍摄的电影，但是概念仍然有局限性，华人导演、华人演员参与的非华语影片、根据华文小说编剧而拍摄的非华语影片、中外合拍的非华语影片等都是中华文化跨文化传播的代表，但是被"华语电影"的概念排斥在外，因此，他提出以"中华电影"取代"华语电影"[③]。

9. 福建话与闽南语

东南亚对华人的籍贯区分与我国不一样，籍贯不是严格的地理概念，也不是以方言进行区分，而是一种对传统文化认同而形成的民系集合体。当"福建"与福建省其他城市（例如：福州）并列时，指的是福建省闽南地区，闽南语在东南亚被称为"福建话"。而"潮州"指的是广东东部一带通行闽方言的区域，而东南亚国家用潮州

① 鲁晓鹏.华语电影概念探微 [J].电影新作 ,2014(05):4-9
② 陈林侠."华语电影"概念的演进、争论与反思 [J].探索与争鸣 ,2015(11):44-49.
③ 张经武.新世纪中华电影东南亚传播 :新问题与新视角 [J].当代电影 ,2014(10):142-143.

话来代指由潮州人所讲的方言。[①] 东南亚国家俗称的：福建话、潮州话、海南话、汕头话等属于闽南语系。

二、已有研究不足

（一）东南亚视听觉传播媒介研究不足

东南亚华文传媒的研究大多局限于报刊，对广播、电视、新媒体领域的研究较少。刘华（2018）研究发现，东南亚华人普遍倾向使用广播、电影、电视、新媒体等。为顺应理论与实践的不对等，对东南亚视听觉传播的纪录片、电影等的研究具有必要性。

（二）东南亚电影研究多，纪录片研究匮乏

分析东南亚视听觉传播领域的广播、电视、电影、纪录片等，广播、电视、电影等有一定研究，而纪录片研究十分匮乏。究其原因，跟东南亚纪录片整体数量较少，且集中于新加坡、马来西亚等国家有关。东南亚有多名知名导演擅长纪录片拍摄，或者从拍摄纪录片起家，后投身电影创作。已有学术研究中的东南亚纪录片，多与电影一并提出，但草草带过，缺乏深入研究，至今还未有影像研究把东南亚纪录片与电影进行对比。

（三）对东南亚华语影像的研究方法不明确

已有的研究使用的研究方法大多不明晰，纵观中国东南亚影像

---

① 陈晓锦，张双庆主编．首届海外汉语方言国际研讨会论文集 [C]．广州：暨南大学出版社，2009:60.

研究，多为电影综述与介绍和相关论文，涉及的研究方法有访谈法、内容分析法、叙事分析、文本分析等，但是论文对于研究过程语焉不详，内容分析法的编码表缺失，叙事分析的功能分析缺乏说服力，用符号学的文本分析也缺乏深入阐释与探讨，整体来说，东南亚华语影像整体的研究方法不明确，论文多为观点罗列。

（四）缺乏对电影人、影片影像的深入分析

已有的东南亚电影研究大多滥觞于导演主创论（Auteurism），即电影导演是最能够左右电影的人。本研究不仅挖掘导演风格与影片的关系，还从深层研究主创者的背后推动力，即电影导演的认同对于影片的影响。

本书研究思路受到艾布拉姆斯关于文学活动四要素（作者、作品、受众、世界）分析框架的启发，重点研究作者、作品与世界，即研究话语主体行为、表意实践。首先，分析影视内容的文化符号及其作者创作的意涵，了解作者的身份认同与符号呈现。其次，把视听觉传播内容创作看作"社会干预"（Social Intervention）的一种方式，探讨东南亚华语纪录片、电影等媒介表达对新加坡华人认同产生的影响，是构造了中华认同，还是有意识地离心（Anti China Centrism）。

（五）已有成果参照海外资料较少，且多为中文

中国的东南亚研究第二代学者中的华侨，大多精通东南亚一国的语言，然而第三代研究者，掌握东南亚语言者寥寥，大多数东南亚

学者的著作是中文，无法与海外东南亚学者进行更深入的学术交流。本研究研究的是东南亚华语影像，但在文献研究过程中，参照英文的著作、新闻报道等。笔者本人能够听懂闽南语、粤语，为分辨华语影像中的多种方言提供便利。本书相关成果将会进一步参与国际会议探讨，希望与海外东南亚文化、艺术研究加深互动与对话。

三、研究对象

（一）东南亚华语广播、电视

东南亚国家是我国进行"一带一路"建设面向的重点国家，华文在东南亚各国华人社群中有广泛的使用，对东南亚国家华文视听觉传播的研究具有必要性和可行性。

课题组前期调研发现，东南亚华人社群当中使用华文最为广泛和集中的国家为印度尼西亚、马来西亚、新加坡、菲律宾、泰国、文莱等国，其中，新加坡、菲律宾、印度尼西亚、马来西亚等国的华文节目制作相对成规模：新加坡新传媒的八频道和 U 频道是新加坡华语电视频道，菲律宾、印度尼西亚、马来西亚等多家广播电台、电视台都有华人播音员主持人和专门的华文节目。但由于受到当地政策影响、人才欠缺等多方面的制约，发展受限，亟待研究。

已有的华文媒体研究多针对报刊研究，对语言的视听觉传播关注较少。广播、电视和新媒体适应东南亚华人的媒体接触需求，且这三类媒体的传播途径为视听觉传播，故本研究着重研究东南亚该类华语媒体的视听觉传播问题。

（二）东南亚华语纪录片、电影

华文在东南亚各国华人社群中有广泛的使用，东南亚华人普遍倾向使用语音和图像作为载体的华文媒体，如广播、电影、电视等。[①]纪实影像反映东南亚华人原生态的生产生活方式，具有视听觉传播特性的史料价值。

纪录片可以归类为电影的一种，但电影不能归类为纪录片。

1895 年卢米埃尔兄弟拍摄的影片公开售票放映引起轰动，12 月28 日成为世界公认的世界电影诞生日。他们摄制的《工厂的大门》《木匠》《铁匠》《拆墙》以工厂作为题材的选择范围，具有朴素的现实主义作风。此时电影还未脱离照相术，还有纪录家庭生活的影片，比如《婴儿喝汤》《金鱼缸》《儿童吵架》《下棋》等，客观描绘了 19世纪末法国的富裕家庭生活，具有纪录片性质。卢米埃尔兄弟奉行"再现生活"，坚持现实主义传统和写实风格，建立了纪录片的电影样式和美学传统。

国际 A 类电影节中，戛纳国际电影节设有最佳纪录片金眼睛奖、威尼斯电影节有经典单元（最佳修复电影、最佳纪录片）奖项、柏林电影节设有柏林纪录片奖等，欧洲三大电影节的纪录片奖项虽然不是主竞赛单元，但是电影节把参与电影的纪录片纳入参赛范畴，就代表电影业界从一定程度上认可纪录片是电影的一个特殊的类型。美国的奥斯卡金像奖主竞赛单元设有最佳纪录短片奖、最佳纪录长

---

① 刘华，黎景光，王慧 . 面向东南亚华语语言规划的语言态度调查研究 [J]. 语言文字应用 ,2018,{4}(02):11-19.

片奖等。世界一些国际电影节也都设有纪录片奖项。

东南亚的一些导演不仅擅长于拍摄电影，也擅长拍摄纪录片。柬埔寨导演潘礼德 1989 年拍摄个人首部纪录片《场地 2》(Site 2)，此后他拍摄的纪录片《柬埔寨——魂游之地》(2000)、《S21-红色高棉杀人机器》(2003)、《纸包不住火》(2007)、《杜赫：炼狱魔王》(2011)、《残缺影像》(2013)、《无名冢》(2018)、《辐射》(2020)屡获国际电影节奖项。潘礼德还擅长拍摄电影，1994 年他执导个人首部电影《米乡之民》，此后他导演《战后的一夜》(1998)、《饲育》(2011)、《放逐》(2016)等，电影具有强烈的伤痕电影特征。马来西亚导演阿谬 (Amir Muhammad) 擅长拍摄纪录片《乡村电台秀》《最后一个共产党人》，也拍摄有电影 Susuk。

在新加坡，有些的电影导演是拍摄纪录片起家，如陈哲艺在拍摄电影前，拍摄有纪录片《阿嬷》，有的导演在纪录片中，加上了剧情片，如《兰芳百年》《从宏茂桥到维多利亚街》等，因此，把纪录片、电影结合起来研究，符合东南亚纪录片、电影的实际情况。

（三）华语传播与文化认同研究

新时代东南亚华人华侨的认同逐渐多元化，可分为民族（当地）认同 (National Identity)、文化认同（Cultural Identity) 与族群认同 (Ethnic Identity) 等三方面[①]，本研究着重研究文化认同。

---

① 王赓武的论述，参见：Wang Gungwu,*The Study of Chinese Identities in Southeast Asia*[A].in Jenifer W Cushman and Wang Gungwu(ed.),Changing Identities of the Southeast Asian Chinese since World War II[D]. Hongkong: Hongkong University Press, 1988:1-21.

　　文化认同既与族群惯习相关，也与国家政治生活相关，是构成族群认同与国家认同的中介。有了共同的文化归属感，个体或族群才能相互认同，个体也才能确认自己在族群和国家中的身份与定位。吉登斯认为："因为国家认同、民族认同等都可以被看作是文化认同的表现。"文化认同是一个比国家认同、民族认同更普遍也更深层次的问题①。

　　本研究从传者、受众、传播内容、传播效果层面审视华语传播与族群认同。目前的海外华语传媒研究，很少关照传播与族群认同的辩证关系，本研究基于本尼迪克特·安德森想象的共同体理论视域，通过梳理和分析华语在东南亚传播问题，形成华语传播与族群认同构建问题的重新审视。

　　因此，本研究把文化认同作为研究重点。文化认同有助于身份认同构建，从文化认同的角度切入可以更好地研究华语在东南亚的传播问题。

　　研究东南亚华语传播与文化认同，从以下多维度角度进行观察：

　　1.研究中华文化在海外的传播与发展；

　　2.研究东南亚的华人族裔文化、本国文化与海外文化的相互融合；

　　3.研究文化中国"三个意义世界"的互动关系。

---

　　① 郭忠华.民族国家理论的悖论性发展——安东尼·吉登斯访谈[N].社会科学报，2010-1-21.

第三节　研究方法与研究框架

一、研究方法

本研究以东南亚华语广播电视、纪录片、电影等为语料研究对象，以文本分析话语理论为理论支撑，运用话语分析、文本细读、内外部研究法及哲学思辨的人文科学研究方法，以及访谈法、问卷调查法、实验法等社会科学研究方法。具体研究方法运用归纳如下：

（一）媒介人类学研究方法

运用人类学多点民族志（Multi-Sited Ethnography）视角，将研究对象置于一个世界体系场景中来描述和分析，详略得当地对东南亚各国进行调研。对东南亚华文传播专家、纪实影像生产者、东南亚华人媒体受众进行小组访谈法与深度访谈法。由于华裔新生代接触新媒体更为普遍，运用虚拟民族志的研究方法，将当今的社交网络和移动媒体视为文化情境，对用户群体的特征进行深描。

（二）口述历史

口述历史是文化研究的一个重要的方法，通过访谈人物以了解他们过去的经验和记忆。

口述历史定义为以录音访谈的方式搜集口传记忆以及具有历史意义的个人观点。[①] 口述历史特色，便是在于史观和方法论上

---

① ［美］唐纳德·里奇.大家来做口述历史 [M].北京：当代中国出版社，2006:2.

的"去中心化"（Decentralization）。在美国，各口述历史中心收集的重要内容包括移民、女性、少数族裔、边缘人群等的口述历史，这是与近年来西方学界关注流散族裔（Diaspora）、多元文化主义（Multiculturalism）和混杂性（Hybridity）趋势有关。

　　原下属新加坡国家档案馆，后隶属于新加坡国家图书馆管理局的新加坡口述历史中心开启了多个口述历史项目，包括"新加坡多元种族社会""华人方言群""口头传统"等特色项目，是国家集体记忆的重要保存库。[①] 本研究获取了新加坡口述历史中心的口述历史资料，分为 *Education in Singapore*、*Japanese Occupation of Singapore*、*New Citizens*、*Performing Arts in Singapore*、*Political History of Singapore* 1945-1965、*Print Media*、*the Public Service*、*Sports Personalities of Singapore* 可以为相关研究提供史料佐证。笔者所指导的团队进行了为期一年的口述历史"下南洋"采集工作，根据口述历史对象分为四个不同年龄段：扎根（70岁以上，定居在东南亚国家）、归来（50—70岁，回到祖国）、发展（30—50岁，往返于中国和东南亚国家经商）、新生（30岁以下，东南亚华侨后代）。不同年龄段选取不同口述人物，并整理他们的口述内容，作为研究资料。

　　本研究还对东南亚华文传播专家、华文媒体从业者等运用口述历史的研究方法进行访谈，对研究做深入分析。

---

① 蔡志远.新加坡口述历史中心 [J].图书馆,2015(12):6-9.

（三）历史研究与哲学思辨方法

参考大量东南亚历史资料、学术著作、现今中、英文报纸以及华语网络杂志，搜集东南亚地区电视栏目节目表以及与纪录片发展历史的相关新闻、评论资料。对二战之后东南亚国家在后殖民主义语境下的文化实践作一定哲理性思辨。

二、研究框架

东南亚研究著名学者廖建裕认为，在东南亚，华族文化是以三大支柱来支撑：华社、华校（华文教育），以及华文媒体①。当今东南亚华人华侨的认同多元化，可分为民族（当地）认同（National identity）、文化认同（Cultural identity）与族群认同（Ethnic identity）等三方面②。

东南亚本土归国东南亚华侨口述历史的相关制作存在空缺，该书基于此现实，根据指导学生制作的人类学口述系列节目《口述南洋》进行理论总结，以理论促实践，从实践回归理论。

本书把东南亚华语视听觉内容生产分为华语纪录片、华语电影和华语广播电视几个部分，分析其生产传播现状，探讨新加坡华人广播电视、纪录片、电影媒介表达对新加坡华人认同产生的影响，是构造了中华认同，还是有意识地离心（Anti China Centrism）；其次，

① ［新加坡］廖建裕．东南亚与华人族群研究 [M].新加坡：新加坡青年书局出版社．2008(2):199.

② 王赓武的论述，参见：Wang Gungwu,*The Study of Chinese Identities in Southeast Asia*[A].in Jenifer W Cushman and Wang Gungwu(ed.),Changing Identities of the Southeast Asian Chinese since World War II[D]. Hongkong: Hongkong University Press,1988:1-21.

本书以新加坡为例，探讨新加坡华文教育、华语艺术与华语媒体三者的关系；最后本书以指导的节目《口述南洋》为例，探讨华侨华人口述史的媒介实践与理论探索。

第二章　东南亚华语传媒发展研究

　　第二次世界大战爆发之前，东南亚各国基本都遭受过列强的殖民，美国、英国、法国、日本等各国在东南亚各国相互抢占掠夺，东南亚许多国家先后被不同国家殖民。菲律宾，先是被西班牙占领，美西战争西班牙战败后，菲律宾被美国占领；越南曾先后受到法国占领、日本侵略，日本投降后法国又召集七万远征军欲再占领越南，越南人民从此开始了长达八年的抗法战争，之后北越与南越战争中，美国等国又插手支持南越；作为英国殖民地的马来亚，在二战中被日本殖民者占领，日军被马来亚人民赶跑后，英国殖民者卷土重来。可以说，东南亚各国基本上都经历过较为长久的争取国家独立、人民解放斗争，除了泰国外，东南亚各国基本上都有一段较长的殖民地历史。后殖民主义（Postcolonialism）在东南亚各国仍然存在，殖民主义关注西方宗主国与殖民国家或第三世界国家的政治、经济关系，那么后殖民主义理论者集中关注第三世界国家与西方殖民主义国家的文化上的关系。后殖民主义又称文化殖民主义（Cultural

Colonialism），在后殖民主义学者看来，第三世界国家在政治上的独立与经济上的成功都并不意味着它在文化上的自主或独立①。至今，东南亚某些国家受到殖民时期的影响还存在，例如，菲律宾电影当中，就存在赴美"找爸爸"情节②，在新加坡，至今相当数量的年轻人把莱佛士视作他们最崇拜的偶像。

东南亚华人移民是世界移民的一个重要的组成部分，如今东南亚华人在纪录片、电影、广播电视等视听觉传播媒介内容生产方面的专业技巧日趋成熟，其移民叙事的手法也在不断升华。分析移民身份的导演在影像中的叙事，可以发现其身处多元文化的异国对于自身文化身份和族群身份的重新审视与自我定位。对于世界移民叙事来说，东南亚华人导演构建了一种颇具个性和规模的移民叙事话语，可以看作全球多元文化中移民文化当中具有研究价值的个案。

第一节 东南亚华语纪录片的传播研究

纪实影像作为一种了解移民"想象的共同体"的媒介手段，是了解族群原生态生产生活的一个重要方面。纪录片的核心是真实，选取真实生活作为创作素材，以真人真事为表现对象，东南亚本土生

---

① 陶东风，后殖民主义．台北：扬智文化，2000:3-4.
② 美国占领菲律宾期间，菲律宾有当地女性与美国男性发生了关系，并生下混血孩子。结束占领后，美国人撤回本国，一些混血孩子赴美寻父成为菲律宾电影的母题。这种反复出现的母题，蕴含着菲律宾国内一种等待曾经的殖民者继续父权统治思想的意味。

产华语纪录片具有重要的史料价值。

东南亚华侨华人占全球华侨华人总人口七成以上，是世界华人研究的重要窗口，然而目前学界对东南亚华人的媒介呈现关注度不够，东南亚华人纪实影像的研究存在空白。针对东南亚华语纪录片，笔者运用人类学、文艺学、历史学等相关知识，梳理和剖析东南亚华语纪录片的现状，并提出延伸研究的设想。对东南亚华人影像的研究有助于解读"一带一路"沿线东南亚国家华人族裔媒介传播景观和当代华侨华人文化艺术实践现状，具有理论意义和指导实践价值。

东南亚华语纪录片，可以定义为东南亚本土生产华人纪录片，即制作方和出品方来自东南亚国家，纪录片主要人物是华人的纪录片，这些纪录片一般是由本地华裔等执导的独立纪录片，或者是由当地华语媒体支持拍摄的。中国大陆与台湾地区、东南亚国家以及欧美西方国家等也有拍摄东南亚华人的纪录片，与东南亚本土生产华人纪录片相对应，是外部视角的纪录片，二者可以相互参照，探索东南亚本土生产华语纪录片的文化认同。

一、东南亚华人纪录片综述

20世纪后，西方影片传入东南亚，在西方影片的影响下，东南亚开始拍摄纪录片，1910年前，泰国王室成员拍摄了泰国国王朱拉隆功参加王室庆典的纪录片，1919年，"缅甸电影之父"吴翁貌拍摄了缅甸第一部新闻纪录片。东南亚纪录片在二战前已经零星出现，但是局限于少数几个国家，二战期间，东南亚多国被日本侵占，东南亚本土影片遭受重创，几近停顿。

历史上东南亚华人在当地国家的文化、教育方面，特别在经济领域取得了瞩目的成就，然而在 21 世纪以前因为其在政治参与方面的弱势，屡遭排挤、打压甚至屠杀清洗。21 世纪以来，东南亚华人逐渐意识到政治参与对华族立足的重要性，积极参与当地国家的参政议政，并且在文化方面努力为华族发声，在电视剧、电影、纪录片等文化产业领域生产了系列的作品，东南亚本土生产华人纪录片是东南亚华人基于文化自觉，记载族群集体记忆的重要媒介手段，是本节研究重点。在东南亚国家以外，把镜头对准东南亚华人的纪录片呈现出什么特点，内外部视角的呈现又有何不同，值得探讨。

本节选取 21 世纪以来近 20 年间在东南亚当地国家生产的，以反映东南亚华人为主题的，非虚构的纪录片。1991 年冷战结束、1997 年亚洲金融危机、1998 年"印尼屠华"，21 世纪中国崛起等对进入千禧年的东南亚华人影响深远，他们在面对历史、审视当下、展望未来等方面有诸多表达，分析东南亚纪录片的本土内容生产和话语构建具有现实意义。

（一）东南亚本土生产华语纪录片

该类纪录片主要是由华人族群等拍摄，他们关注的主题不只是本族裔，近年来，他们还把目光放到了文化母国——中国。此外，东南亚其他族裔也关照了华人群体，他们在影像中涉及或主要体现东南亚华人。在东南亚，有许多知名电影导演是拍摄纪录片起家的，如潘礼德、陈哲艺等。

1. 东南亚华裔拍摄本族裔纪录片

（1）东南亚华裔拍摄独立华语纪录片

该类纪录片一般是由导演独立创作的，导演坚持创作理念，带有强烈个性特征，具有独立精神的纪录片。二战后，东南亚国家纷纷摆脱西方殖民者的统治，民族主义在东南亚各国盛行。东南亚本土电视剧、电影、纪录片等随着国家独立，获得了很大发展，东南亚华族作为东南亚国家文化产业内容生产的参与者，曾经在东南亚本土的影像创作中发挥了一定的作用，21世纪以来，随着东南亚华人在政治、文化等领域的参与度提升和传播族群文化意识的增强，东南亚华人开始担任独立制片人，独立筹资、创作、发行有关东南亚华人题材的纪录片。

东南亚华人独立纪录片有新加坡的邓宝翠《我们唱着的歌》、陈哲艺《阿嬷》，缅甸的赵德胤《挖玉石的人》《翡翠之城》，马来西亚的苏忠源《昨天》、廖克发《不即不离》、林少鹏《忆记新加坡河》《回望牛车水》《随艺聊》等。这些纪录片基本关注的是东南亚本国本族裔的知名人物、导演的亲人以及历史事件等。这些纪录片多体现了强烈的导演个人风格，流露强烈的乡土意识、民族情怀，表达了对华人身份的追寻与反思，他者身份在异国的生存与抗争，华族在东南亚国家成长历程的追溯与思念。

（2）东南亚华裔拍摄独立非华语纪录片

二战后，东南亚各国国情复杂，各个国家对待华人族裔推行不同的政策，泰国诞生的华人自动加入泰国国籍，得泰名，接受泰文教育，因此，华人在泰国的同化率很高，基本很难找到四代以上的华人①。在新加坡，双语教育政策的推行，使得新加坡年轻人按照语言掌握的熟练程度，分为熟练掌握华语的华裔和熟练掌握英语的华裔。他们的影片虽然也会关照本族裔，但是使用的媒介语言已经跟他们熟练掌握的语言正相关。

以新加坡为例，陈彬彬（Pin Pin Tan）熟练掌握英语，她的纪录片《星国恋》《城市备忘录》《新加坡风》等，采访使用的语言和被采访人物使用语言，基本为英语。白淑莲（Lian Pek）《我为英狂》（*Mad About English*）记录了北京人为了奥运会成功举办，男女老少努力学英语的情景。她华语不好，主要工作语言是英语②，纪录片中人物的语言基本用英语呈现。导演雷远彬（Lei Yuan Bin）《我梦到了新加坡河》把镜头对准在新加坡来自孟加拉国的外劳群体。1992年陈善治（Sandi Tan）参与拍摄一部独立电影，影片拍摄结束后，电影母带竟然随着她的美国导师一同消失了，她的 *Shirkers* 记录了这段离奇的经历。

新加坡华裔拍摄的非华语纪录片关注的题材不仅仅是本国的国族记忆或者是本族裔的文化历史，还关注国家边缘群体、文化母国人民甚至政治敏感题材。

（3）东南亚电视台自制纪录片

在东南亚，不同国家的广播电视政策不一样，华语教育情况也不

---

① ［新加坡］廖建裕. 东南亚与华人族群研究 [M].新加坡：新加坡青年书局，2008(2):90-91.

② 本地前女主播拍摄中国人学英语热 [DB/OL]. 联合早报 . 2008-8-8.

一致，华人在当地国家所占比例不相同，因此各国的华语广播电视发展情况不一，有的国家没有华语广播电视台，有些国家如马来西亚、新加坡等有多家华语广播电视台。东南亚华语广播电视台需要节目，除了引进的节目，还有自制内容，这些电视台自制节目当中，不乏华人参与策划、主持、编导、发行的节目，例如马来西亚的节目《籍宝乡》等。纪录片就是东南亚华语电视台自制内容的类型之一，其中不乏精品。

新加坡新传媒集团《不一样的南洋华人》由新加坡华人演员王沺裁主持，该系列纪录片分为六集，记录了主持人走访马来西亚、泰国、缅甸、菲律宾等地华人社群聚居地区的见闻与思考，通过史料分析、人物访谈、实地走访等方式对东南亚华人的语言、民俗、信仰、艺术、教育、历史等景观进行了较为细致的呈现，具有一定研究价值。

2007 年，为庆祝马来西亚独立 50 周年，黄巧力导演特别摄制大型华人文化系列纪录片《扎根》，记录了华人文化在本土扎根，并与本土多元文化交融过程中得到承传、流变和发扬的过程。《扎根》分为交融篇、传承篇、发扬篇总共十三集，对华人在当地的历史、风俗、信仰、民间艺术等有了全方位的展示。然而该系列纪录片是马来西亚 Astro AEC 电视台为庆祝马来西亚独立的特别节目，较少涉及马来西亚华人的苦难历史。

2.东南亚其他族裔拍摄华人纪录片

东南亚各国国情不同，多数国家的情况是多民族聚居，因此，许多东南亚导演在影片拍摄过程中，关照了华人族裔，甚至主要讲述华人族裔的故事，影像使用媒介的语言基本跟导演掌握的语言正相关，其他族裔导演基本上不精通华语，这些影像使用英语、马来语等非华语呈现。

在马来西亚，华族人口是仅次于马来族的第二大族群，马来西亚其他族裔的导演在影像叙事中，关照了华人群体。

马来西亚著名女导演雅丝敏·阿末 (Yasmin Ahmad) 导演的《单眼皮》(*Sepet*, 2004) 讲述的是华裔跨族裔的爱情故事。马来西亚马来族独立电影人阿米尔·莫哈末（Amir Muhammad）曾拍摄过两部关于马共的纪录片，一部叫作《最后的共产党男人》(*Lelaki Komunis Terakhir*, 2006 年) 涉及前马共领导人陈平，另一部则是《村民们好吗》(*Apa Khabar Orang Kampung*, 2007 年) 涉及马共在泰国的游击史，前马共领导人陈平是华人后代，马共有部分成员是华人。这些关于马共的纪录片至今仍被马来西亚视为禁片。阿米尔·莫哈末的《大榴莲》(*The Big Durian*, 2003) 关注的是 1987 年华族巫族纷争中，军人扫射平民的事件，这其中包括被无辜伤害的华人。

（二）西方国家拍摄华人纪录片

西方国家拍摄的东南亚纪录片，涉及两大主题：猎奇景观与苦难历史。1974 年，德国导演 Rolf Olsen 拍摄了纪录片《古灵精怪东南亚》，1985 年、1995 年、2003 年《古灵精怪东南亚》陆续出品了第

2、3、4 部①。这位导演从西方人的视角，记录了东南亚的奇观：泰国变性手术、侏儒角斗、地下性虐待场所、乩童等。这些在西方人眼中不可思议的场景，在电影中一一体现，满足了西方视角下的猎奇心理。

柬埔寨的"红色高棉时期"的创伤是柬埔寨许多纪录片的叙事母题，不仅著名导演潘礼德的多部纪录片涉及，西方导演约翰·皮洛奇的《别以为我忘了：柬埔寨失去的摇滚乐》等也重点讲述。

美籍英裔导演约书亚·奥本海默（Joshua Oppenheimer）的《我是杀人魔王》（*The Act of Killing*）入围第 86 届奥斯卡金像奖，该纪录片花了六年的时间拍摄制作，记录了 1965 年印尼发生的一场政治屠杀，由于该片涉及的话题较为敏感，主创人员多匿名。2 年后的 2014 年他导演的《沉默之像》（*The Look of Silence*）同样关注 1965 年在印尼发生的对于华人的屠杀。

2014 年 新 加 坡 纪 录 片 *Southeast Asian Cinema - When The Rooster CrowsLeonardo* 由纪录片导演 Leonardo Cinieri Lombroso② 执导，Leonardo Cinieri Lombroso 早年在意大利和美国学习电影制作，曾经拍摄纪录片《韩国电影的秘密》，*Southeast Asian Cinema - when*

---

① 前两部导演是 Rolf Olsen，第三部导演是 C.C. Kwong & Takafumi Nagamine，第四部导演是 Gordon Vein。值得注意的是，这部纪录片是中国香港和西德（1990 年东西德合并，第三四部制片在德国）联合制片。香港的译名是《古灵精怪东南亚》，西德（联邦德国）的译名是 *Shocking Asia - Sünde, Sex und Sukiyaki*，直译过来是《令人震惊的亚洲——罪恶，性爱和寿喜烧》。

② 目前没有查询到该导演国籍，不过根据名字可知其至少是意大利裔。根据导演早期求学经历，推测导演的国籍是意大利。

the Rooster crows 纪录片中，导演采访了菲律宾布里兰特·曼多萨 (Brillante Mendoza)、泰国彭力·云旦拿域安 (Pen-Ek Ratanaruang)、新加坡邱金海 (Eric Echoo)、加林·努格罗 (Garin Nugroho) 等东南亚知名导演，其中邱金海是华裔导演。

总体来说，西方背景的导演会因为特殊事件而关注华人群体，不会特意关照这一族裔群体。

（三）中国拍摄华语纪录片

作为文化母国，中国在影像叙事中重视东南亚华人的书写，《南方来信》由凤凰视频出品，大荒电影监制，六位来自东南亚新加坡、泰国、马来西亚、缅甸等地①的导演分别用六部短片，表达了对于东南亚华人"原乡"与"离散"的思考，凤凰视频虽然每部短片出资仅 10 万元左右，各位导演还是竭尽所能完成了。

东南亚华人在世界华人当中占据重要地位，"下南洋"是中国历史上人口迁徙轨迹中重要的一支，许多纪录片或系列节目都涉及东南亚华人等相关题材。然而中国的这类纪录片多为电视台节目组制作，缺乏大量的制作经费与制作周期，多从中国内地媒体的外部视角展示赴东南亚拍摄当下华人的民俗风情等，缺乏对东南亚历史文化的专门考究以及从内部视角对东南亚长期生产生活的亲历。中央电视台国际频道《远方的家》的"一带一路"特别节目《东南亚的华人情》、旅游卫视《东南亚四大唐人街》、北京电视台《大迁徙》

---

① 蔡明亮、陈翠梅是马来西亚导演，陈子谦、许纹鸾是新加坡导演，赵德胤是缅甸导演，狄也·阿萨拉是泰国导演。

第十二集《远涉南洋》等节目，涉及东南亚华人。

东南亚国家的华文报刊历来有受到当地华人商会资助的传统，近年来在视听觉传播领域，华人的影像制作同样受到海外华人的大力支持。

央视播出的十二集纪录片《下南洋》就是由华商资助的——马来西亚常青集团创始人张晓卿为该纪录片投资 2000 多万。投资人不仅为该纪录片投入金钱，还投入人力、物力。[①]

二、东南亚华语纪录片分析

（一）华人参与的纪录片占多数

从全球范围来看，有关东南亚华人的纪录片主要出品于中国、东南亚国家，在欧美国家中也有少数纪录片涉及，在这些纪录片在生产过程中，东南亚华人起到关键作用，其投资方也多具有东南亚华人背景。

东南亚媒介华语传播除了受到海外华人的资助，还有知名华人主动投入当地华文媒体事业中。马来西亚华人张晓卿曾斥资拯救《星洲日报》，并亲任多家华文报刊的社长，此后，常青集团旗下的多家公司挂牌上市，其中就有星洲媒体集团等。印尼知名学者李卓辉 2014 年任《印华日报》的总编辑，2018 年创办《印尼新报》新传媒，现任印尼东盟南洋基金会主席。他编著了 38 本著作，研究东南亚华

---

① 李分言：纪录片《下南洋》：文化认同不等于身份混淆［N］，时代周报.2013.12.21（6）.

人参政议政、东南亚华文教育、东南亚华人领袖等。

东南亚华人资助并投身于华文传播事业，体现了他们对东南亚华人身份的认同感、对提升当地华人华侨地位的责任感以及对中华民族血脉追溯的使命感。

（二）题材广泛但有所顾忌

东南亚华人纪录片涉及的题材广泛，有介绍新加坡美食系列纪录片《寻味地图》，有介绍马来西亚华人手工艺的《手心工艺》，有介绍新加坡领导人的《光耀一生》，还有放眼全球，介绍世界人文地理的系列纪录片《两个世界的分界线》等。

东南亚华人历史上不可回避的话题便是东南亚华人的血泪史——关于东南亚华人艰难讨生活、被迫害打压的历史。然而由于话题的敏感性，许多纪录片选择回避了这段历史，例如中央电视台的系列纪录片《下南洋》中的《血泪南洋》一片，只详细描述了20世纪之前殖民者对东南亚华人屠杀的历史，对二战后东南亚数次"排华"历史只是很隐晦地提及。

我国港澳台地区、东南亚其他国家对于东南亚华人苦难史的话语尺度更大一些。凤凰卫视的《在海水的另一头——南洋华人生存实录》较为详细地记录了二战以来东南亚马来西亚、新加坡、印尼等国家对华人的政策变迁，提及了1998年印尼"排华"事件。《我来自新村——马来西亚华人的生存故事》讲述了1949年以来马来亚英国殖民地政府为了防止华人与马来亚共产党的接触，驱赶华人到新村定居，马来西亚华人在新村艰苦生活的历史。

（三）方言语言具地域特色

东南亚第一代华人的籍贯多为今福建省、广东省、海南省等地，如今东南亚华人社群使用的方言有闽南语、粤语、客家话、福州话等，其中以闽南语、粤语、客家话等最为流行。语言是文化的载体，民俗、信仰、艺术等地域文化使用的语言工具是当地方言，例如：东南亚华人社群至今盛行的中国闽南地区特有的送王船、拜天公、布袋戏等都是用闽南语呈现。地方语言是华族文化重要的组成部分，起到沟通交流、联络情感、共享民族文化与民族记忆的作用。然而，由于受到当地政策等多方面的影响，方言的使用曾经受到阻碍，例如新加坡纪录片《我们唱着的歌》提到了《麻雀衔竹枝》因几句方言受到禁播的历史：新加坡自 1979 年以来就开展"讲华语运动"，防止因为华族多方言造成的交流不畅，受相关政策影响，这首"新谣"被禁播。

尽管如此，在东南亚各国许多华人社群仍然保持着说方言的习惯，华人纪录片也呈现解说语和被采访人使用方言的特点。厦门广电集团的闽南语纪录片《南洋家书》，香港电台电视部的粤语纪录片《华人移民史——下南洋》等，都是用方言解说词呈现。纪录片的方言呈现唤起了海内外华人共同的情感记忆，构成了东南亚华人社群语言文化实践的真实写照，成为东南亚华人影像叙事重要的特点之一。

（四）涉及敏感话题

至今，敏感话题仍然是东南亚独立纪录片的主题之一。东南亚各国共产党在东南亚殖民地时期曾经和当地民众并肩战斗，反对殖民统治，然而二战过后，各国国情风云多变，东南亚马来亚共产党、印度尼西亚共产党等在政治上遭到镇压和驱逐，新加坡左翼人士至今仍然是新加坡的敏感话题。原马来亚共产党总书记陈平就是华人后代，但逝世前一直未被批准返回马来西亚。在数次当地执政者与本国共产党的争斗中，当地华人也无辜受到牵连。例如：1951 年 1 月 17 日，马来亚霹雳州布先喜州新村，一名英籍移民官被马来亚共产党所杀，当地新村居民集体遭受无妄之灾；1965 年的"印尼九·三〇事件"除了导致大量共产党员被杀害之外，大量华人也惨遭屠杀等。

新加坡的纪录片《星国恋》(*To Singapore, with Love*)记录了 20 世纪 60 年代因为政治原因离开新加坡的人，由于涉及共产党、左翼人士等敏感话题，至今仍然被新加坡列为"任何分级都不允许"的影片。

涉及马来亚共产党的影像也被马来西亚列为敏感影片，例如：由五位新加坡影人拍摄的《再见马来亚》(*I love Malaya*)记录了马来亚共产党领导人陈平；马来西亚华人导演廖克发执导的纪录片《不即不离》，探寻其素未谋面因参加马共而牺牲的祖父。

（五）视角差异与话语区别

根据东南亚纪录片综述的划分，东南亚华人纪录片根据不同拍摄方，分为西方国家、东南亚其他族裔、东南亚华裔、东南亚电视台、中国电视台等。东南亚华裔叙述本族裔的故事，是内部视角，其他类型都是外部视角，具体如图 1。

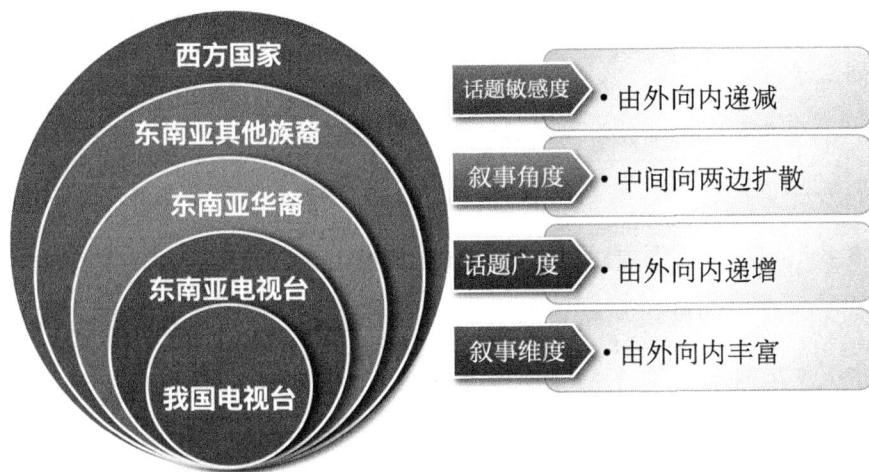

图 1：东南亚华人纪录片视角差异与话语区别

从话题尺度来说，具有官方背景的东南亚电视台、中国电视台的话语尺度是最小的，中国电视台话语尺度小于东南亚电视台，主要在于中国电视台不仅要记录本族裔的历史，还要从政策上考量与东南亚国家的关系。

从话题的敏感度来说，西方国家的导演由于身处海外无须考虑政策方面的封杀，对于东南亚得表达更大胆，因此涉及了华人受屠杀的历史。而东南亚其他族裔、华裔大多数居住在本国，这类话题较为敏感，不便涉及，或者虽然涉及，但是表达得不够彻底，而具有官方背景的电视台，不便触及这些话题。

从话题的广度来说，西方国家、东南亚其他族裔、东南亚华裔拍摄的独立纪录片，叙事的题材与角度受到导演本身限制较大，导演多从个人经历与所见所闻选材，而具有官方背景的电视台具有更广阔的选题空间，可以整合人力、物力、财力拍摄一部纪录片乃至系列纪录片。

叙事的维度与资金支持等相关。如果电视台支持该选题，则表现的方式更加多样、叙事的维度更加广阔，例如：马来西亚节目《籍宝乡》，是 8TV 频道重点打造的 13 集系列节目，每集的内容围绕马来西亚华人的姓氏与籍贯展开。新加坡新传媒集团《不一样的南洋华人》实地走访了东南亚多国，探寻东南亚华人历史，找寻东南亚华人身份。央视的《下南洋》共获 2000 多万投入，《华南之洋》《南下家乡》《异国家园》《南洋血泪》《百年兰芳》《千年家族》《北望之心》《开放之门》《期待南洋》等多集讲述历史上华人下南洋与艰苦奋斗的历史。

综上所述，东南亚华裔拍摄自己族裔的纪录片是内部视角的叙事，内容真实感人、表现质朴生动，往往触及个人遭遇的不公与家族伤痛，然而，由于条件的限制，东南亚华裔拍摄的影片往往得不到太多的资金以及发行支持，与之相配合的是，电视台摄制的纪录片可以弥补东南亚华裔纪录片的缺陷。此外，站在不同族裔或者不同国家的"他者"视角上拍摄的纪录片，往往注重对于这个族裔苦难与不公的记录与表达，镜头语言直白、生动，但有时候由于语言不通、文化不同，部分信息可能存在失真，总体来说，"外部视角"的表述有利于东南亚华人族群在世界舞台上发声。

三、东南亚华人纪录片现状剖析

（一）华文视听觉传播的接受程度高

2018 年 5 月刘华发表于《语言文字应用》的《面向东南亚华语语言规划的语言态度调查研究》，通过对东南亚 5 国 12 地区华人社群开展问卷调查发现：东南亚华人普遍倾向使用语音和图像作为载体的华文媒体，如广播、电影、电视。而以文字为载体的媒体使用则明显受语言水平的影响[①]。

以语言和影像为载体的电影、电视节目更受东南亚华人的欢迎，马来西亚和新加坡华人"总是""经常"收看的比例均超过半数，而其余国家"是""经常"或"有时"收看华语电影电视节目的比例也基本超过半数。而以文字为主要载体的华语报刊、书籍在东南亚华人中的使用情况明显与华人的华语水平相关。[②]

正是由于影像已经成为东南亚华人获取信息的主要媒介，所以东南亚华人倾向通过影像这种媒介进行叙事，以期通过本土内容生产的作品在华人社群中获得更广泛的传播。

东南亚老一代的华人至今还记得许多世代相传的民族记忆，许多唐宋代已经轶失的律诗竟然可以在东南亚老人家口里听到，把它们记录下来很有意义。我以前在橡胶林采访过一位华人老先生，一直

① 刘华，黎景光，王慧.面向东南亚华语语言规划的语言态度调查研究 [J].语言文字应用,2018(02):11-19.

② 刘华，黎景光，王慧：面向东南亚华语语言规划的语言态度调查研究 [J].语言文字应用,2018(02).

访谈到晚上八点，别人劝我回去我还坚持把材料记录下来，第三天我整理素材有个不明白的地方，想要再采访这位老人家，联系福建会馆，他们说老人家第二天已经去世了。

——厦门大学教授 周长楫[①]

东南亚华人纪录片具有史料价值，许多东南亚华人原生态真实影像亟待抢救记录。东南亚华人的记忆是一代代华人移民口耳相传的在东南亚艰苦创业、拼搏奋斗的记忆，也是中华民族文化记忆当中不可或缺的一部分。他们的记忆通过纪录片等影像手段记录下来，是非常珍贵的文献资料，也是视听觉传播的情感共鸣点。

（二）想象共同体的撕裂与缔造

安德森在《想象的共同体：民族主义的起源与散布》中认为，民族是一个想象出来的政治意义上的共同体，即它不是许多客观社会现实的集合，而是一种被想象的创造物。他认为，想象能够激发起自我牺牲之爱，爱国的行动是用语言而非血缘构想出来的。[②] 在东南亚华人地区开办华校、讲华语是华人社群的传统，华人社群对中华民族语言和文化的传承体现了他们对于中华文化的认同。

历史上中国封建王朝认为南洋华人是"天朝弃民"，新中国成立后，中国政府也从共和国成立初期推行培养华侨的中国国民意识，

---

① 根据笔者 2019 年 1 月 22 日于厦门大学对周长楫教授的访谈整理。

② [美] 本尼迪克特·安德森，吴叡人译. 想象的共同体：民族主义的起源与散布 [M]. 上海人民出版社，2003:26.

转化为鼓励华侨效忠于住在国家的政策。二战后东南亚民族国家纷纷独立，东南亚各国的国情纷繁复杂，当地政府对华人推行的政策也不尽相同，东南亚华人对自我身份的认同，受到多方面因素的影响，也存在差异，总体来说，从战前全面认同于中国逐渐向认同于所在国转变，但对于身份为华人的认知还是较为明确，这点在东南亚华裔新生代当中体现得更为明显。

我们必须扩大新加坡社会的种种可能性，况且《我们唱着的歌》是 Made in Singapore（新加坡制造）。虽然这个过程很烦琐，但我们必须要完成，因我们相信这片子是一个重要的文化记载，也是一个国家与国民的历史记录。

——新加坡纪录片导演 邓宝翠[①]

曾有人拍摄纪录片《我要回家》，记录了他们一行人用一个月的时间，从中国香港用陆路的方式到马来西亚，沿途采访当地的马来西亚人，把他们对国庆的祝福带回国，并赶在 8 月 30 日到马来西亚吉隆坡参加国庆倒数。他们所到之处采访的都是马来西亚华人，这部纪录片既体现了对马来西亚华人同胞的认同，也体现了对马来西亚国家的热爱。

从抗战时期东南亚华侨华人慷慨捐款支持中国的反侵略斗争，到

---

① 李亦筠.《我们唱着的歌》16 日特别放映 导作获校友支持 邓宝翠：本地学校特别可爱，联合早报 [N].2016,1(2):8.

如今东南亚华族国族认同的变化，东南亚华人的影像中不可避免地体现了这种历史记忆在情感中的体验，这在华人独立纪录片体现得尤其直接和明显。

（三）"精神无家园"的失落与找寻

东南亚自古以来便是世界交通的要道，受到多国文化、风俗等的影响深远，例如：有"千岛之国"之称的印度尼西亚约有 300 多个民族及 742 种语言及方言[①]，身处多重文化之中的华族在影像叙事中体现出一种矛盾与焦灼。

分析这些移民作品的叙事即会发现文化多样化带来的东南亚华人更为复杂深刻的情感体验。这些纪录片既有在中华文化传承过程中，面对受打压的艰难与抗争，又有对东南亚其他族群文化既接纳又抵触的两难。在情感与理性之间、现实与理想之间充满了对自身身份的困惑以及对族群未来的担忧。东南亚华人移民体验到一种由于复杂的政策导向与现实所迫所导致的对自身身份的疑惑乃至精神家园丧失的焦灼。

邓宝翠《我们唱着的歌》便是找寻"精神家园"中颇具代表性的纪录片作品，纪录片通过梳理新加坡"新谣"运动的始末，流露出新加坡华人对华校撤并的无奈与坚持，新加坡华人对华语传播与传承的抗争与发展，通过唱华语歌这一形式，找寻新加坡华人的精神寄托。

马来西亚导演黄巧力拍摄有：《问神》《细说华小》《马来西亚百

---

① 温北炎.试析印尼华族与当地民族的关系 [J].世界民族,2003(03):44-50.

年华教》《话说籍贯》《我来自新村》《师傅》等主题的系列纪录片，
涉及马来西亚华人社会的民间信仰、文化传统、教育、手工艺等各
个方面，体现了他对马来西亚华人族群记忆强烈的记录意识和深厚
的情感积淀。

（四）他者叙事的矛盾与选择

有研究者指出，全球化进程的直接结果之一是"各民族之间的物
理距离正在缩短，各国之间的相互依存度正在提高"。[①]在世界移民
的叙事场当中，对于移民身份的华人来说，当地国家的族群是他者；
对于在地国居民来说，华人是他者。信息传播的不对称容易导致他
者叙事中形象塑造的变形，在互为他者的叙事当中，身为移民的东
南亚华人既愿意接纳所在国的政策、文化、生活习俗带来的改变，
又想体现和表达自身族群的特色与文化符号。

他们很想记录自己的过往，发出属于自己的声音，但是现实中，
由于东南亚几次激烈的排华运动以及东南亚现今微妙的政治社会关
系，他们的心理很矛盾。

——华人寻乡音系列电视节目导演 方平[②]

纪录片《不即不离》本想在马来西亚公映，但由于内容敏感被禁
播了。片中有一处影像素材来自英国的博物馆，花费不菲的价钱购

---

① [美]雅克·布道.建构世界共同体——全球化与共同善[M].江苏教育出版社，
2006:35.

② 根据2019年2月14日于厦门对华人寻乡音系列电视节目导演方平采访整理。

买了使用权，放入了影片中。

——电影策划、翻译 李天钰①

过去的半个世纪里，东南亚华族移民群体和东南亚主流社会的关系是后殖民时代中他者叙事存在的充分条件。东南亚华人面对复杂的环境，特别是面对当地政府意欲抹杀的历史，一方面有强烈的记录意识，另外一方面又惧惮于权威的力量。在移民国家和地区，毋庸置疑，地理位置无限接近的异乡人和本国人都会不同程度地身处这些矛盾场中。

（五）诡谲环境的妥协与抗争

东南亚国家政治环境具有复杂性，整体都经历了殖民地时期和二战后的国家解放，然而由于各国国情和发展情况不同，对本国华人的政策也不尽相同。

从苏加诺到苏哈托对印尼共产党态度的大逆转就可以看出，东南亚华人的命运无可避免地卷入了当地国家的政治斗争、政权交叠、权力斡旋，甚至冷战时期东西方阵营的对抗之中。

21世纪前在印尼、马来西亚、菲律宾等国屡次发生排华事件，许多国家也对东南亚华人采取"同化"政策，东南亚华人身处波谲云诡的政治环境中，一方面有强烈的"记录"意识，希望记录其悲惨的过往和不公正的待遇；另一方面又忌惮于当地政府的不支持乃

---

① 根据2017年12月2日三影堂厦门摄影艺术中心"新亚洲影志"《不即不离》映后交流会嘉宾李天钰分享内容整理。

至禁令，选择到海外播出他们的作品。

许多东南亚导演由于他们拍摄的纪录片题材敏感，不敢在本国放映，选择到海外放映，其中有些导演选择到中国放映他们的作品。

——华人寻乡音系列电视节目导演 方平①

东南亚华人在当地国家的经济上占据了较重比例地位，但是在政治、军事、教育等方面话语权不足。华人纪录片可以传播和唤醒华夏文化和民族记忆，有助于华人在谋取经济和政治话语权的同时，与其他种族人民团结起来，推动多元化民族国家的大发展，由此，东南亚各国的华人纪录片亟待发展。我们要让纪录片还原历史的真貌、讲述历史的来源、推动历史的发展。

——中国电视艺术家协会微电影专业委员会副秘书长 王永华②

这些东南亚华人影像制作与传播当中遇到的瓶颈与困惑，成为东南亚华人纪录片，特别是独立纪录片在全球纪录片生态环境中体现的个性，也是共性。

小结

不同视角看待东南亚华人的过去、现在与未来，得出的结论不同。同理，不同视角拍摄东南亚华人影像，表现方式与呈现内容也

---

① 根据 2019 年 2 月 14 日于厦门对华人寻乡音系列电视节目导演方平采访整理。

② 根据 2019 年 3 月 14 日对旅居马来西亚的中国电视艺术家协会电影专业委员会副秘书长王永华访谈整理。

各不相同，这些纪录片相互补充，共同记录，是东南亚华人历史的宝贵财富，是东南亚华人建构集体记忆的重要媒介。

第二节　东南亚华语电影的传播研究

东南亚影像通过特殊符号表征、历史遗产再现以及民族叙事，勾画出家国想象与民族文化，构建一种集体记忆空间，建立起共享的社群经验、文化传统、伦理常规和独特的话语模式，筑起审美"共同体"。[①]东南亚国家基本都经历过殖民时期，一些电影导演的影像中呈现出一种后殖民时代的使命——培育一个西方与非西方影像之间的民主对话，目的是摆脱殖民宗主国文化与思想上的桎梏。

一、后殖民时代的东南亚电影

（一）东南亚电影概念溯源与发展

东南亚电影在电影学界属于新兴词条，不同于东亚电影、南亚电影，目前西方电影学界还未对词条定义，各大电影节也不会专门以东南亚电影作为电影类别的标签。在本研究中，笔者把东南亚电影定义为东南亚十一国本土生产的电影及产业。东南亚电影大多数由具有东南亚国籍的导演执导，但不绝对，笔者认为，如果导演曾经是本国人，入了他国国籍或在其他国家发展电影事业，但是故事

---

① 周安华.当代电影新势力——亚洲新电影大师研究 [M].北京：北京大学出版社，2014:286.

蓝本发生在东南亚，影片的主角是东南亚人，由东南亚国家参与制作出品，也应该算作是东南亚电影。如法籍越裔陈英雄拍摄的《青木瓜之味》，故事发生在越南，尽管电影是在法国的摄影棚拍摄的，但影片场景模拟了越南的热带风情，该片不应该归为西方电影，应属于东南亚电影。马来西亚籍导演蔡明亮是台湾地区电影新浪潮的代表人物，尽管他是马来西亚籍，但他的多部电影不在东南亚拍摄，故事也不发生在东南亚，因此不属于东南亚电影，他在马来西亚拍摄的影片《黑眼圈》，讲述了在吉隆坡发生的故事，制片方有马来西亚，应该属于东南亚电影①。

　　第二次世界大战爆发前，东南亚各国的本土电影产业已经起步，但是局限于菲律宾、泰国、缅甸、越南、印尼等几个国家，其中，菲律宾、缅甸、印尼处于领先地位。为了满足东南亚的华侨华人的观影需求，20 世纪 20 年代，中国电影引进了东南亚，1925 年第一部引进东南亚的中国影片《孤儿救祖记》在新加坡上映。二战前东南亚电影达到一定规模，二战期间受日本侵略影响，东南亚各国电影业凋零，基本处于停滞状态。20 世纪 60 年代，菲律宾、缅甸的电影处于较高水平，印尼一度衰弱，泰国后来居上。70 年代，菲律宾、印尼、泰国的电影产业处于领先地位，80 年代，马来西亚本土电影稳步发展，90 年代东南亚各国受到电视、外国影片的冲击，电影产业呈下降趋势，菲律宾、印尼电影每况愈下，缅甸更不景气。90 年

---

　　① 该片被马来西亚电影检验局禁播，因为该片涉嫌丑化马来西亚。参见徐时芬.《黑眼圈》被指丑化吉隆坡 马来西亚惨遭禁播 [N]. 新闻晨报 .2007-3-5.

代以来新马、越南、泰国由于受到政府支持，电影产业得到发展，然而柬埔寨、老挝、文莱等国基础薄弱，尚无较高水平的本土电影生产[①]。

当代东南亚各国电影产业发展参差不齐，文莱、东帝汶近十年来几乎没有本土电影生产，泰国电影产业发展相当成熟，泰国的青春片、恐怖片在亚洲，乃至全球都有相当的影响力，泰国电影新浪潮的精品电影在东南亚电影中具有相当影响力。近年来，泰国本土电影在海内外票房表现有下滑趋势，被认为进入了萧条期[②]。菲律宾电影自 20 世纪 70 年代起，就引起了西方电影界的关注，一批优秀的电影人承前启后，新一代的菲律宾电影人有着强烈的历史省思与现实关照，审视东南亚后殖民语境下的文化产出。马来西亚电影人关照族群、语言以及个人身份找寻等议题，以大荒电影的主创人等优秀电影人为代表，马来西亚电影近年来的族裔电影越来越多地关照了马来西亚各族裔的互动；印尼电影在中断十年后，政府开始在政策上重视，在影视教育上投入，印尼电影近十年来重启发展。

（二）西方建构的东南亚："古怪邪恶"之地

二战后，西方影视中的东南亚，充满了后殖民时代宗主国对于东方的曲解与话语霸权。1974 年，德国导演 Rolf Olsen 拍摄了纪录片《古灵精怪东南亚》，这位导演从他西方人的视角，记录了东南亚

---

① 贺圣达. 电影在东南亚：发展、问题和前景 [J]. 东南亚,2005(03):54-61.

② 安察丽·柴沃拉邦,何谦. 东南亚新电影的文化观察 [J]. 北京电影学院学报,2016(06):134-143.

的奇观。1985年、1995年、2003年《古灵精怪东南亚》陆续出品了第2、3、4部①。值得注意的是这些影片是西德（德国）与中国香港联合制片，中国香港译名是《古灵精怪东南亚》，而德语译名是 *Shocking Asia——Sünde, Sex und Sukiyaki*，直译过来是《令人震惊的亚洲——罪恶，性爱和寿喜烧》，作为属于亚洲的中国香港，并不认为纪录片的内容包含所有亚洲，因此翻译成中文时，改成了东南亚。导演的本意应该是拍摄"古灵精怪亚洲"的，因为在纪录片中呈现了日本的奇观，而不是仅仅东南亚。

可以借用米歇尔·福柯（Michel Foucault）在《知识考古学》（*L'A rchéologie du Savoir*）和《监禁与惩罚》（*Surveiller et punir: naissance de la prison*）中提出的话语（discourse）概念来认识东方主义。"如果不将东方主义作为一种话语方式来考察，人民可能就不可能理解欧洲文化支配东方的庞大的、系统的戒律，正是通过这种戒律，欧洲文化才得以在启蒙运动以后从政治上、社会上、军事上、意识形态上、科学上、以及想象上控制，甚至创造——东方。"②即东方主义的话语构成并制造出东方。

---

① 前两部导演是 Rolf Olsen，第三部导演是 C.C. Kwong & Takafumi Nagamine，第四部导演是 Gordon Vein。值得注意的是，这部纪录片是中国香港和西德（1990年东西德合并，第三、四部制片在德国）联合制片。香港的译名是《古灵精怪东南亚》，西德（联邦德国）的译名是 *Shocking Asia——Sünde, Sex und Sukiyaki*，直译过来是《令人震惊的亚洲——罪恶，性爱和寿喜烧》。

② ［美］爱德华·W.赛义德著，谢少波等译.赛义德自选集[M].北京：中国社会科学出版社，2009.

　　美国 Oman Dhas 导演的《东南亚阴暗面》(*Asia's Underworld*)①
一共五集,讲述了菲律宾买凶杀人、菲律宾毒品交易、印尼海盗、
泰国人口买卖、新加坡高利贷等。该影片描述的是东南亚的阴暗面,
然而英文直译仍然是《亚洲的地下世界》。

　　电影《越南妹霍莉》(*Holly*)是由出生于以色列的美国导演 Guy
Moshe 执导。故事讲述了 12 岁的越南女孩霍莉被卖到柬埔寨当雏
妓的经历。她多次想要逃离淫窟,却总是被抓回妓院,期间在柬埔
寨游荡的美国人帕特里克多次拯救霍莉。电影《魅影危程》(*City of
Ghosts*)由美国的马特·狄龙(Matt Dillon)自导自演,改编自美国
作家约翰·格里斯汉姆的同名小说,讲述保险职员杰米只身前往柬
埔寨寻找老板马文,要回保险金的离奇经历。影片中充满了对柬埔
寨的赌场、妓院、恶劣治安的不安,又描绘了寺院、异域风情的神
秘风情,导演安排了几个似梦非梦的段落,再加上柬埔寨当地的音
乐,营造出一个既氤氲着神秘气息,又危机四伏的柬埔寨。影片中,
反派卡斯伯与泰国人女性罗姬订婚,她美丽、神秘却又无知,卡斯
伯说她是:"天然的钻石,要把她雕刻成一个大美女。"吉米前往柬埔
寨一个名叫"嬉笑睡莲"的妓院,一位白人嫖客说:"她是我的女孩,
我要带走她,送她去澳大利亚一所美丽的学校。"欧美白人男性在文
学中存在一种对于"东方"的想象,仿佛来自"东方"的女性愚昧、
堕落又身不由己,等待他们救赎。

---

　　① 该纪录片同样存在英文名是 *Asia's Underworld*(亚洲的地下世界),中文翻译是
东南亚阴暗面。

亚洲在这些欧美导演的脑海里只是一个模糊的"东方"的代名词，存在一种西方白人男性对于远东的"东方主义"。

当代美国批评家爱德华·赛义德（Edward W. Said）1978年的专著《东方主义》（*Orientalism*），探讨了文化权力的作用以及社会语言对意图和生产的影响。他的主要论点是，"东方文化"本身是一种发展受到阻止的文化。他认为，这种意识形态和方法论上的倒退促使形成某种西方的身份，也促使形成某种东方的身份，因为它强化了西方对东方的权力意志。"东方主义是西方对东方统治、重构和施加权威的一种西方的风格或方式"。① 的确，在这些西方导演和部分观众的视角中，东方是充满想象的、古怪的、罪恶的、神秘莫测的，而这些影像满足了他们的想象与窥探欲，是一种西方强加给东方的话语。

（三）中国建构的东南亚："热带风情"与"法外之地"

在西方世界存在"东方主义"，在东方世界是否也同样存在文化霸权呢？从东方世界的视角看世界，往往带有东方视角，对西方世界的解构同样具有东方印记。在西方影视中不断出现的反派角色"傅满洲"，是个"穿清朝服装""单眼皮"的狠角色，充满了西方世界对于神秘东方的恐惧。至今，好莱坞对于亚裔女性演员的选择，还是偏向丹凤眼、大脸盘、长眉毛的形象。好莱坞电影等强势媒介的全球传播是西方世界文化输出的典型代表，我们对于西方世界的误

---

① ［美］爱德华·W.赛义德著，王宇根译.东方学[M].北京:生活·读书·新知三联书店,2007.

读越来越少，与此同时，对于文化产品对外传播力较弱，我们不那么熟悉的东南亚、非洲、中东等地的人民，是否也存在新的"文化霸权"呢？

从网络群嘲越南翻拍的《神雕侠侣》《流星花园》《还珠格格》可以看出，中国也许对他国的文化也存在误读。事实上，网络上"辣眼睛"的越南翻拍剧很多是网友恶搞，为何中国网友相信是在电视台播放的呢？实际上就是一种优越感所造成的误解。而这种优越性的产生会不会伴随着中国文化产品的输出，存在新的"霸权"？值得深思与探讨。西方对东方存在想象，那么东亚是否又对曾经一度文化影响力不够大的东南亚也存在想象呢？长此以往，在中国内地的影片、港片中，东南亚被贴上了"热带风情""想象的法外之地"等模糊又单一的标签。

2010年中国电影《杜拉拉升职记》中，杜拉拉和王伟的感情在芭堤雅升温，情感线在此处也达到了高潮，裸露的激情戏在泰国芭堤雅上演。"身体来来回回地巡行，一端是它们在进入和穿过感官风景时所直接感受到的外部世界，另一端是代表着社会品味和地位、意识形态和意义的散漫的处于居中地位的感官风景"。[①] 中国都市白领精英对于异域风光从感官和身体上尽情占有，东南亚成为他们尽情体验与疯狂享受的欲望空间。此外，中国电影《人再囧途之泰囧》《唐人街探案》等电影在泰国拍摄，沿途的风光和泰国独特的风情成为影片不可或缺的卖点，人妖、泰式按摩这些典型的泰国符号成了

① ［英］约翰·乌尔里，杨慧译.游客凝视.[M]桂林：广西师范大学出版社，2009:209.

影片幽默的来源。

2000 年，香港电影导演马楚成的《夏日么么茶》在马来西亚热浪岛取景，2011 年，马楚成执导《夏日乐悠悠》，在马来西亚浪中岛取景。夏日、沙滩、海风，马来西亚的异国风情给这些影片提供了"夏日"最好的注脚。

1970 年以来，泰国等东南亚国家就成为港片的"法外之地"，被建构成在此解决国仇家恨、与恶势力搏斗的地方。不可否认，东南亚各国国情复杂，贩毒、人口贩卖、高利贷、非法博彩业等现象确实在东南亚存在，同时，在东南亚各国，都存在一定数量的华人人口，根据文化接近（Cultural Proximity）理论，同是炎黄子孙的东南亚华人更能够引发中国观众共情[①]。因此东南亚成为华语片中犯罪片、警匪片、武打片理想的拍摄场景，长此以往东南亚被华语电影建构起了想象的"法外之地"。

1971 年，《唐山大兄》《拳击》等港片就在泰国取景，《唐山大兄》讲述由李小龙扮演的郑潮安在异国做工，自己的工友相继离奇被害，他追查真凶，后与表面上是制冰厂，实际上是藏毒工厂的恶势力殊死搏斗的故事。《拳击》讲述了兄弟异国相认和与恶势力拳击搏斗等故事，泰拳、佛国钟声等元素被加入影片中。

2007 年港片《C＋侦探》讲述郭富城主演一位私家侦探侦查离奇案件的故事，故事背景就放在了泰国的某个唐人街。香港电影《杀

---

① Joseph D. Straubhaar, Beyond media imperialism: Asymmetrical interdependence and cultural proximity[J]. *Critical Studies in Mass Communications*,1991.8(1):39-59. 该理论肯定受众的能动作用，认为文化距离的接近有助于受众对于传播内容的接受。

破狼·贪狼》中古天乐饰演香港警察追踪女儿的下落，在人生地不熟的泰国遇到了华裔警察，一起合作查找女儿，最终发现女儿在泰国被器官贩卖组织残忍杀害。

2017年上映的《破局》中，郭富城饰演的东南亚警察在一天当中经历工作遇阻、意外撞死人、母亲葬礼迟到等连环事件，母亲葬礼按照的是中国传统的葬礼仪式，而影片当中郭富城躲进棺材藏尸体以及回到墓地找寻假眼珠的桥段，也成为影片的经典场景。该片在马来西亚取景。

2013年香港电影《扫青》中，张家辉、古天乐、刘青云饰演的三兄弟跨国赴泰国展开一段与反毒斗争、兄弟情义、儿女情长相关的故事。2019年在《扫毒2》当中，由刘德华饰演的男主角发现儿子在缅甸吸毒，父子还没相认，儿子就因为吸毒幻觉而跳楼去世了……

华语片在东南亚的表达空间，是中国大众长期以来对东南亚的刻板印象的体现。类型片的暴力、犯罪、吸毒、杀戮、卖淫、人口买卖等多种元素，再加上华人面孔，满足了华语电影对于构建一个"非法"之地的想象。因为故事背景发生在东南亚，规避了中国影片上映前的审查风险。

二、东南亚电影的类型片、题材特色

近年来，以泰国、马来西亚等国家为代表，东南亚电影呈现出恐怖片独树一帜、酷儿题材影视较多以及史诗片、青春爱情片制作精良，文化向外输出等特点，东南亚影视呈现的特色是经济、历史、文化、宗教等综合因素影响的结果。

（一）东南亚宗教与恐怖片

在东南亚，由于各国殖民地时期被不同西方国家殖民统治，而不同西方国家宗教信仰不同，二战后，各国争取了民族独立、人民解放，然而殖民地时期宗主国带来的宗教信仰是根深蒂固而且具有延续性的。

泰国是东南亚没有遭受过殖民统治的国家，其文化的传播与传承具有良好的延续性，受外国文化入侵与掠夺较少。泰国最主要宗教是佛教，在泰国的恐怖电影当中，受到佛教文化影响较深。泰国的恐怖片除了体现了佛教的因果业报、生死轮回、劝人向善等教义外，还在影片中出现寺院、僧侣、信徒等多种宗教符号元素。泰国电影中叙事母题如"鬼妻娜娜"就反复在电影当中出现，如《鬼妻娜娜》（1958）、《鬼妻》（1999）①等。"鬼妻娜娜"是泰国家喻户晓的民间传说，泰国还有多部民间传说改编的电影。

菲律宾受西班牙殖民统治的影响，是一个天主教国家。菲律宾的一些恐怖电影题材与宗教有关，如《怪案》（2018）与修道院女孩神秘死亡有关，《禁闭》（2016）故事发生在1947年的修道院里，助祭在升任牧师前，在乡间小道遇到了恶魔化身的神秘少女。

除了殖民统治所裹挟的宗教信仰对曾任的殖民地造成影响，一个

---

① 泰国"新浪潮"电影的开山之作。

国家人口占比最大的族裔的信仰也影响了本土影视的生产。

在马来西亚，由于最大的族裔是马来族裔，马来族裔人口占全国人口的半数以上，而马来族裔中大部分人信仰伊斯兰教，因此，伊斯兰教对于马来西亚的影响深远，被反映到了电影中。伊斯兰教义中，没有人去世后的魂魄，只有精灵①，尽管隶属于邵氏的马来电影公司（1947—1969）和隶属于国泰的克里斯公司在20世纪五六十年代拍摄260多部马来西亚电影，其中就包括马来西亚僵尸片，但长期以来，马来西亚的恐怖片是受到官方压制的，这也导致了市场的报复性反弹，2004年《晚香玉吸血鬼》在当年马来西亚票房中表现抢眼，2007年《恐怖继承人》也获得各大电影节的认可。

印尼是世界上穆斯林人口最多的国家之一，2017年恐怖片《撒旦的奴隶》以伊斯兰教为背景。

新加坡与其他国家不同，是一个以华人为主要族裔的国家，华人社会以信仰佛教、道教为主，寺庙里供奉着妈祖、关公、保生大帝、如来、观音，还有齐天大圣、田都元帅等，信仰神明多元。在《七封信》中的《那个女孩》单元，小男孩为了还钱，甚至不惜敲碎观音庙里的功德箱，还有《881》中，庙里神明居然供奉着玲姨的孪生姐妹仙姑。

新加坡的喜剧恐怖片是该国恐怖片的特点之一，比如新加坡的巫培导演的两部影片《鬼也笑》《吓到笑》，2018年Jacen Tan《尸杀军营》等。

---

① 马坚译.古兰经.北京：中国社会出版社.1996（8）.

　　喜剧恐怖片是恐怖片与喜剧片的一种混合体，喜剧恐怖片是对恐怖片的解构，是一种后现代的表述方式，通过嬉笑怒骂调整恐怖片的节奏，使得恐怖片在具有惊悚精神内核的同时，增加轻松愉快的氛围，提升观众的观影体验和情感的极致感受。

　　喜剧恐怖片在东南亚、华语电影世界发展成熟。在泰国，2003年—2009年，泰国系列喜剧恐怖影片《变鬼》（2003）、《顽皮鬼》（2007）、《求神问鬼》（2007）、《见鬼惊旅魂》（2010）、《灵异日》（2012）、《鬼夫》（2013）获得市场热捧。在中国香港，喜剧恐怖片由来已久，1949年的《大闹广昌隆》是最早的香港喜剧恐怖片，1980年许鞍华的《撞到正》开启了20世纪80年代鬼怪喜剧的时代，洪金宝的系列电影《鬼打鬼》《人吓人》《电灯着，鬼揎脚》等，在1980年代形成喜剧恐怖片的气候。林正英主演的僵尸题材成为一代人的记忆，香港系列僵尸电影创造了独特的东方"僵尸"形象，不同于韩国、欧美电影中的僵尸形象，香港的僵尸电影赋予了"僵尸"独特的外形符号和表述方式。新加坡地处东南亚，在20世纪七八十年代存在本土电影的真空期，此时港片占据新加坡电影重要的市场，新加坡电影受到港片喜剧恐怖片等类型片的影响深远。

（二）东南亚酷儿题材电影

　　酷儿（Queer）常用来描绘同性恋、双性恋和变性等非异性恋人群，这个名词也是为了摆脱污名化而所取的名字。

　　泰国是亚洲同性恋题材电影最大的产出国之一，同性恋的叙事题材往往用纯爱片的表达方式展现，清新自然。同性恋题材的纯爱片有《热带疾病》（2004）、《暹罗之恋》（2007）、《想爱就爱》（2010）、《当下完美》（2017）、《告别茉莉》（2017）等。泰国的标志——男转女的跨性别（Transgender）或伪娘（药娘）人群是该国发展旅游业的卖点之一，泰国政府和社会对这部分人群的态度宽容。在泰国电影中，跨性别就是一个重要的题材。《人妖打排球》（2000）、《人妖打排球 2》（2003）、《美丽拳王》（2003）、《人妖抢银行》（2004）、《致命切割》（2009）、《会更好的》（2012）等，都是与这一群体有关。

越南的同性恋题材也形成了一定气候，如越南导演武玉登（Ngoc Dang Vu）的《迷失天堂》（2011）是越南第一部正面表现同性恋情感的剧情片，2012 年越南阮亭映（Dinh Anh Nguyen）的《叔与侄》，2013 年越南陈孝（Hieu Tran）的《等风起》两部同性恋题材短篇相继上映。2014 年披仙山（Phi Tien Son）的《心中天堂》是越南第一部双性恋电影。2015 年阮广宣（Nguyen Guang Tuyen）的《无色彩虹》、2015 年武玉登的同性恋恐怖片《王家有鬼》、2015 年潘党迪（Dang-Di Phan）的《大爸爸，小爸爸和其他故事》等表达同性之爱的电影在同一年上映。

在新加坡，酷儿题材主要展现的是男同性恋（Gays）群体。在《钱不够用》《老师嫁老大》等电影当中，就涉及同性恋（新加坡电影常用"阿官"来指代这一群体）的话题。《海南鸡饭》（2004）、《北纬 1°》（2012）都是男同志电影。巫俊锋导演的多部影片涉及酷儿，

《全家福》（2005）、《加东赋格曲》（2007）、《丛林湾》（2009）从多个角度讲述男同性恋群体的故事，新加坡的光灵（Kan Lume）、罗子涵（Loo Zihan）执导了多部男同性恋影片，罗子涵还在泰籍华裔吕翼谋执导的《快乐工厂》当中饰演第一次嫖妓的阿兵哥，在影片中罗子涵奉献了自己同性之爱和异性之爱的表演，先锋大胆。

（三）东南亚史诗片、青春爱情片等类型片

史诗片宣扬本国历史，引领观众进入历史，寻找国家认同感。泰国拥有悠久的历史传统，历史上未受到殖民者的掠夺，拥有良好的文化延续性，泰国拥有东南亚电影少有的史诗片类型，好莱坞电影《安娜与国王》讲述英国家庭教师安娜与暹罗国王蒙空的故事，引入泰国时，被泰国当局认为对王室不敬而遭到封杀。2001 年泰国本土史诗片《素丽瑶泰》讲述了泰国历史上的民族英雄暹罗王后素丽瑶泰，该片获得巨大票房成功。《大将军》（2002）、《纳瑞宣国王 1—4》（2007—2015）、《王后秘史》（2007）、《琅卡苏卡女王》（2008）等都是气势恢宏、宏大历史背景的大制作，是泰国的一大电影类型。在非东南亚国家的印度，《阿育王》《阿克巴大帝》《巴霍巴利王：开端》等电影叙事手法纯熟，是印度一大电影类型，这与印度是四大文明古国之一，有灿烂的文化、悠久的历史和古老的传说有关。在新加坡，由于制作条件有限，拍摄场景受到限制，再加上历史上长期受到英国殖民统治，尽管新加坡有几部经典的古装电视剧，但至今还未有古装电影出现，更别说本土史诗电影上映。

在亚洲，各国和地区的爱情片具有不同特色，日本纯爱电影、韩国虐心电影、泰国爱情片、中国台湾地区青春偶像片等，在新加坡，出现了个别本土青春爱情片《我的同学，我的朋友，我爱过的一切》《音为爱》《放映爱》等，但是数量不多，其他影片如《血指环》（1973）、《绑匪》（2010）是动作片，《茶舞》（2006）、《老师嫁老大》（2008）是黑帮片，但这些类型还不能形成气候。梁智强的喜剧片、陈哲艺的家庭伦理片等类型是新加坡的主流，这与新加坡目前本土导演数量不多，类型片带有导演强烈的风格和个人喜好相关，同时也跟新加坡历史背景与现实条件有关。

三、东南亚华语电影的概念与现状

在东南亚，各个国家对华人实行的政策不同，各国华裔所处的年龄阶段不同，生活经历不同，教育背景不同，东南亚华语电影产出差异巨大。东南亚华商的华语水平和文化认同，直接影响到华语电影的产出。有些国家的华裔新生代电影导演尽管电影艺术造诣较高，但不会讲华语，因此电影呈现没有刻意讲述华裔的故事，电影使用的也是非华语，比如泰国、越南等国。有些国家对华人族裔的政策相对宽松，同意保留华文学校、华人社团、华文媒体，因此一批华裔电影人的电影制作与发行有了文化的土壤，比如马来西亚。还有的国家情况较为复杂，经过多次教育改革，关停了一些华文学校，尽管华人在本国人口中占据的比例最高，然而华裔新生代华语水平较低，而老一辈华人还保留较多的语言和文化传统，比如新加坡。

因此，东南亚的华语电影研究应该就每个国家的具体国情而定。

（一）东南亚华语电影概念溯源

东南亚国家中明确提出"华语电影"的是马来西亚。马来西亚的三个种族有着明显的独立意识，自我认同在各个族群内部不断上升。因此，在电影文化产品的分类上，马来西亚各族群用母语区分，即分为马来片、华语片、印度片（或淡米尔片）等。由马来西亚一批华裔独立电影人拍摄的华语电影，在马来西亚电影市场中占有一定份额，其主要关照马来西亚本土华人生存状况与身份找寻。

在新加坡，由于华人族群是新加坡各族群中人数最多的，而新加坡大多数本土生产电影是华人族裔生产的，虽然近年来年轻一代导演用英文拍摄电影的数量有所增加，但目前来看，最具影响力的仍是说华语的电影导演，如梁智强、陈子谦、巫俊锋、陈哲艺等，他们都能够熟练掌握华语。影片也用华语等呈现，较少使用英语。新加坡华人电影的媒介语言是新加坡式华语，这是一种新加坡华人原生态生活中多语混杂的状态：华语中夹杂福建话、潮汕话、广府话、英文、马来话等。

（二）东南亚华裔导演与华语电影

缅甸籍华裔赵德胤曾经拍摄了《翡翠之城》《挖玉石的人》等纪录片，在纪录片中，就涉及缅甸的毒品、出国淘金等话题，在他的电影《归来的人》（2011）、《穷人·榴莲·麻药·偷渡客》（2013）、《冰毒》（2014）、《再见瓦城》（2016）等，也延续了导演关注的主题。

在泰国，华族迁徙入泰国可以追溯到中国明朝时期，从古至今，华族受到的冲击也少，与当地各族的融合较好。早期华侨华人参与了泰国电影的拍摄，1933 年，泰国首部华语电影《泰国之恋》（*Love in Thailand*）讲述了泰国的爱情故事，由华人演员扮演，使用广东方言。二战期间，《外来的华人》（*Foreign Chinese*）描写了泰国土著与华人的交往，该片融合了功夫、喜剧等多种元素。1955 年，泰国电影《鲍藤》（*Botun*）讲述了华人女性的故事。改编自畅销小说《牡丹花的最后一瓣》的电影《牡丹》讲述的是泰国华人移民家庭女性的故事。华人演员还参与泰国多部电影的拍摄，如《常苏林的命令》（*Commands of Chang Su Lieng*）、《华女幽灵》（*Namjai Soa Jeen*）等。

21 世纪以来，除了来自中国的新移民，和老一辈的华人，如今泰国华族的本土融入度很高。泰国诞生的华人自动加入泰国国籍，得泰名，接受泰文教育。再加之泰国信仰佛教，华人群体对佛教接纳度高，因此，华人在泰国的同化率很高，基本很难找到四代以上的华人[①]。泰国"新浪潮"代表人物韦西·沙赞那庭、阿彼察邦·韦拉斯哈古出生于华人家庭，他们的电影以独特的美学风格、全新的创作理念带领泰国电影走进 21 世纪的黄金发展时代。然而，他们的电影不论是语言、人物特征、故事内核等已经打破了族裔的限制，不强调华族的身份与语言。他们作为华人家庭的后代，除了外貌特征，语言、文化认同等族裔特征已经不明显了，他们已经完全融入当地

---

① ［新加坡］廖建裕. 东南亚与华人族群研究 [M]. 新加坡：新加坡青年书局出版，2008(2):90-91.

社会，认同于泰国文化先于族裔文化，他们拍摄的《黑虎的眼泪》《大狗民》《正午显影》《祝福》《热带疾病》等新浪潮代表作，没有刻意突出华人族裔特征。

马来西亚的华人族裔拍摄电影明确被分为华语电影，大马的华语电影大多从本族裔的角度出发，呈现出多语混杂的特点，影片聚焦家庭，重视中华传统文化，描绘城市和甘榜（乡村）的生活场景。出生于马来西亚的导演蔡明亮是中国台湾新浪潮电影的代表人物，马来籍华裔也掀起了独立电影浪潮，有人认为是"马来西亚新浪潮"[①]，然而被认为是马来西亚新浪潮代表人物的陈翠梅认为"它不是一个新浪潮，现在的马来西亚年轻人，是很少有受新浪潮的影响的"。

1947 年，菲律宾华侨吴鸿卜等人在香港成立新光影业公司，出品香港第一部闽南语片《相逢恨晚》[②]。2002 年，菲律宾杨莉华制作了《吻手》，该片讲述了菲律宾华人一家三代人在菲律宾生存奋斗的故事，时间横跨 1949 年—2001 年，该片获得马尼拉电影节多项大奖，《吻手》一共拍摄了 7 部，影片都是从菲律宾的华人小家庭折射大时代。

印尼华裔导演艾德温的作品被认为是 1998 年后，印尼本土电影"最有价值的声音"。2008 年他的处女座《失明的猪也想飞》探讨了

---

① 关于马来西亚新浪潮电影运动，使用这个说法见于：曾一洲.马来西亚华语电影的历史与现状 [J].中国电影市场,2020(08):57-62.以及宁未央.被禁止的和被允许的——马来西亚电影新浪潮 [J].南风窗,2007(14):85-87.等；认为不是新浪潮的是被推为新浪潮代表人物的陈翠梅专访《专访 | 陈翠梅：马来西亚没有新浪潮，只有小涟漪》。

② 赵卫防.香港电影史 1897—2006[M].北京：中国广播电视出版社,2007.

印尼华裔的身份问题。

　　新加坡的华裔工作者文化认同不同，在电影中关照族裔的重视程度也有所不同。越南华人人口较少，因此越南国家的华人族裔电影较少。

四、新加坡与马来西亚华语电影的区别与联系

（一）新马华语电影的渊源

　　马来西亚电影著名导演、学者、影评人哈桑·阿布德·穆撒理（Hassan Abd. Muthalib）认为，马来西亚电影与新加坡共享早期的电影史[①]。因此，分析马来西亚电影有助于理解新加坡电影。

　　族群身份是理解马来西亚多元文化的重要维度。三个种族有着明显的独立意识，自我认同在各个族群内部不断上升。因此，在电影文化产品的分类上，马来西亚各族群用母语区分，即分为马来片、华语片、印度片（或淡米尔片）等。对异己族群的电影文化产品，马来西亚的观众更没有那么"包容"，各族群对自己电影的依赖性是存在的，对其他族群电影的观影欲望是微弱的[②]。在"一个马来西亚"的政治语境中，各个族裔表现出差异又统一的关系。各个族群依赖于自己族裔的电影，而各个族裔能够出产本族裔电影，与马来西亚各个族裔具有相当数量的人口基数有关。

---

　　① Hassan Abd. *Muthalib. Malyasian Cinema in Bottle*：*A century (and a bit more) of Wayang*[M]. Petaling Jaya, Selangor :Merpati Jingga,2013:31.

　　② 张燕 周星 . 亚洲电影研究教程 [M]. 北京：北京师范大学出版社，2017(5):193.

在马来西亚，华族不是占人口最多比例的族群，马来西亚最大的族群是巫族（即马来族），华裔约占总人口的五分之一。长期以来，马来西亚多项政策，都有意无意地打压华语电影[①]，一切文化政策的都要权衡"马来文化先行"思维。2010年阿牛的《初恋红豆冰》等影片就受到当局的影响与打压。2013年电影《新村》因为从华人视角探索族群身份，涉嫌"美化马共"而没有通过审查。2009年周青元的《大日子Woohoo！》把大马华语电影推向商业市场，获得了广泛关注，至此华语电影走向大众视野。

曾在北京电影学院学习的大马华人周青元拍摄的华语电影"全民电影三部曲"——《大日子Woohoo！》（2009）、《天天好天》（2011）和《一路有你》（2014）在贺岁档上映，获得票房佳绩。2015年李勇昌导演的《东主有喜》、2016年钟小华导演的《金玉满堂之四大愚夫》、2018年周青元导演的《大大哒》等马来西亚华语电影，具有多语混杂、以家庭为基础展开叙事等特色，这与新加坡的华语电影的特征相类似。

新加坡是东南亚国家，位于亚洲，与马来西亚和印度尼西亚相邻。新加坡是东盟的发起国，是东南亚国家唯一的发达国家。二战过后，各国的国情不同，文化呈现也不一样。新加坡三大种族是华人、马来人、印度人等，各种族带来中华文化、马来文化、南亚文化等。新加坡大力推广双语教育政策，强调英语的学习，语言是文

[①] 见许维贤 *Accented Style: On Namewee's Sinophone Malaysian Film and Rap Songs* 等的论述。

化的承载，新加坡受到欧美等西方国家的文化影响也较大，因此，新加坡是一个融合了东亚、东南亚、南亚文化，同时受到中西方文化熏陶的多元文化社会。

（二）新马华语电影文化认同的异同

以中华文化传承为主题这一特征，为马来西亚与新加坡华人电影共享，体现了新马两国华语影像中对中华文化认同与传承。在马来西亚电影中，《大日子 Woohoo！》有关于华族的舞虎记忆，《一路有你》有华人的婚庆风俗等。新加坡电影舞狮文化在影片中多次体现，如梁智强的《狮神决战》和《狮神决战2：终极一战》。还有《戏曲小子》（2014）讲述的是印度新移民通过学习中国戏曲，与同学建立友谊的故事。

中元节是中国的传统节日之一，在新加坡得到进一步的发展与传承，现在中元节已经成为新加坡各个族裔庆祝的重要节日[①]，在中元节中，"七月歌台"是传统节日习俗延伸的一种独特的新加坡在地文化，也是电影的重要母题。陈子谦的《881》《12莲花》等，都与"七月歌台"有关，梁智强《钱不够用2》当中的一对母女，也是因跑歌台遇车祸，发生了奶奶救孙女的感人故事。

马来西亚与新加坡电影相同的特征还有，从家庭的角度描绘故事，马来西亚的周青元和新加坡陈哲艺擅长这个叙事角度，在华语电影世界当中，杨德昌、李安等人，也擅长家庭书写。家庭是许多

---

① 本地首次出现三大种族同庆中元.联合晚报 [N],1995,8(8):4.

华语影像故事发展的起点，家庭的矛盾、华人社会的传统与社会大环境交织，特别是作为移民身份家庭的外乡人，在离散与扎根异国之中，通过家庭的回归与找寻，共同谱写了华语家庭伦理片的元叙事。华语片中的经典场景，如共同做美食、一起祭拜祖先、庆团圆围桌等，都是华人世俗社会民间信仰与风俗在电影中的时空延伸。

不同的是，在大马华语电影中，有些故事发生在渔村、甘榜（乡村），这在新加坡电影当中并不多见①，新加坡电影《跑吧孩子》为了拍摄乡村景色，到马来西亚取景，电影《大笨象》为了记录公路上的景色，到泰国取景，新马电影不同还在于族裔电影对于他族的叙事策略马来西亚的华语电影当中，2016年的《辉煌年代》从华裔的视角讲述了各个族裔共同拼搏，最终获得胜利的故事。该趋势跟这几年马来西亚强调族裔融合相关，不过，新加坡在这方面走到了更前面，已经抛开了族裔的界限，把视角着眼于其他族群②。在新加坡，族群电影的区分不是很强烈的原因在于，新加坡作为一个华人占大多数族裔的国家，近二十年来本土华人电影不论从数量还是质量都超过其他族裔。此外，华裔电影人邱金海就已经关照了其他族裔，在《我的魔法》（2008）中，就把目光着眼于印度族裔底层人群上。

五、东南亚电影与新浪潮

新浪潮（The New Wave）源于法国新浪潮电影，1959年《电

---

① 因为新加坡组屋政策自建国推行以来，城市发展迅速，新加坡基本上没有农村，因此只有像梁智强这样出生在20世纪60年代的导演，对于村庄的记忆比较深刻。

② 与新加坡政府推行的政策导向，强调"一个新加坡"有关。

影手册》(*Cahiers du Cinema*) 影评人的弗朗索瓦·特吕弗 (François Truffaut) 与让-吕克·戈达尔 (Jean-Luc Godard) 拍了处女作《四百击》和《筋疲力尽》。从 1959 年到 1962 年，法国出现了 90 多部独立电影，这些电影解构宏大，挑战权威，《电影手册》的五大影评人是该运动的旗手，电影记者弗朗索瓦·吉牢德在《快报》上将其命名为"新浪潮"。

泰国电影新浪潮运动（Thai Wave）是 20 世纪 90 年代末是由导演以自发探索民族身份为目的发起的运动。朗斯·尼美毕达、彭力·云旦拿域安、韦西·沙赞那庭、阿彼察邦·韦拉斯哈古和松耀司·舒马卡纳尼等人拍摄了一系列恐怖片、史诗片、动作片等，通过对于类型电影的探索以及深挖泰国本国的民间故事与历史传说，创作出兼顾个性化的影像书写与本民族文化关照的影片，在电影语言创作、电影风格探索和电影文化书写等方面，进行了大胆创新与尝试，成为亚洲标志性的文化运动。

至今对于马来西亚独立电影制作的潮流是否应该叫马来西亚新浪潮电影仍然有争论。马来西亚的华裔导演对推动 20 世纪 90 年代末的独立电影潮流功不可没，华裔导演 Teek Tan 拍摄了影片 *Spinning Gasing*(1999)，讲述大马华裔和马来裔的爱情故事，电影用了大量粤语对白；其后李添兴《狙击手》（2001）、《阿炳重现》（2001）、《有房出租》（2002）等多部电影上映，这些电影启用了多位非职业华裔演员。此外华裔女导演陈翠梅导演《单戎马林有棵树》（2004）、

《爱情征服一切》（2006），何宇恒《雾》(2004)、《太阳雨》（2006），胡明进《周一早晨的荣耀》（2005）、《遗情》（2009）、《大象与海》（2007）、《虎厂》（2010），刘城达《面包皮与草莓酱》（2003）、《口袋里的花》（2007），张千辉《游泳池》（2007）、《B区B栋》（2008），张毅恒《女生，断了线》（2006）、《金鱼》（2009）、《都是正常的》（2010），林丽娟《理发店的女儿》（2009）等相继出品，并屡次获得各大电影节奖项。这些大马华裔拍摄的作品基本上是华语对白的本土独立电影，影片制作经费有限，着眼于当代华裔的生存状态。

这股马来西亚独立电影的潮流中，其他族裔拍摄的独立影片也涉及马来西亚华人，与陈翠梅共同创立大荒电影（Da Huang Pictures①）的马来族阿米尔·穆罕默德(Amir muhammad) 2000 年拍摄了电影《嘴对嘴》（Lips to Lips）启用了后来成为华裔导演的李添兴作为男主演；此外，他的纪录片《村民们好吗？》《最后一个共产党人》关注前马共领袖陈平，他执导的《大榴莲》（The Big Durian, 2003）关注的是 1987 年华族巫族纷争中，军人扫射平民的事件，这其中包括被无辜伤害的华人。马来族的女导演雅丝敏·阿末 (Yasmin Ahmad) 导演的《单眼皮》（Sepet, 2004）讲述的是华裔跨族裔的爱情故事。

2009 年，马来西亚电影开始走上商业化发展道路，何宇恒《心魔》（2009），阿牛《初恋红豆冰》（2010），周青元《大日子

---

① 根据大荒电影官方网站介绍，大荒电影由陈翠梅、阿米尔·穆罕默德、雅丝敏·阿末、李添兴、刘城达等于 2005 年创立。参见大荒电影介绍.大荒电影官网 [DB/OL].2020.2.28.

WooHoo!》（2009）、《天天好天》（2011）、《一路有你》（2014）、《辉煌年代》（2016），钟小华《阿炳心想事成》（2012），杨毅《榴莲忘返》（2014）、《阿奇洛》（2017），陈胜吉《分贝人生》（2017），郭修篆《光》（2018）等，这些由马来西亚华裔拍摄的大马华语片，在大马电影市场异军突起，打破了一直以来英语和马来语电影统治电影市场的局面。

2015年陈翠梅开启下一个浪潮（Next New Wave）计划，为马来西亚年轻导演提供帮助，2017年她创办了"Sea Shorts"东南亚短片电影节①。

新加坡至今没有新浪潮的说法，新加坡导演人数有限，其建国后又数十年中断了发展，因此，还不能形成浪潮。有人评价陈哲艺是新加坡一个人的新浪潮②，他本人在2013年接受采访时，也表达希望《爸妈不在家》成为新加坡新浪潮起点的愿望。

新加坡与东南亚其他国家的天然联系，从其所处的地理位置就注定了密不可分的关系，因此，除了经济、政治、社会等方面，文化上的交融是必然的。新加坡与马来西亚曾经是一家，因此，在1965年之前，新马共享电影发展史，然而，1965年新加坡独立之后，新马呈现出相互区别又联系的发展格局。

新加坡电影不论从华语导演的数量还是华语电影的产量来说，都

① 谢镇逸.因"独"而"立"——陈翠梅与马来西亚电影新浪潮[DB/OL].放映周刊.2018-8-7/2020.2.28.

② 《爸妈不在家》导演陈哲艺：希望掀起新加坡电影新浪潮.新民网[DB/OL].2013-11-25/2020-2-28.

比马来西亚的少，由于独特的经济、文化、政治等条件，新加坡华人拍摄电影更加注重关照其他族裔。新加坡双语教育政策施行，最后一所以华文为第一语文的华校于1986年关闭，如今许多新加坡华裔无法熟练使用中文，许多新加坡华裔新生代拍摄影像并不强调本族裔的语言，自然语言承载中华文化更是无法通过影像表达，他们更加关照新加坡在地的话题，如死刑的存废、底层人民的挣扎、外劳的生存与发展等，通过其他族裔作为主角叙事也是情理之中。根据调查，新加坡华人认同马来西亚文化与其较有文化渊源，比例竟然高达84%[①]，新马电影合作有良好的文化认同基础，这些年新马也陆续出品合拍片。

新加坡电影，除了受到马来西亚的影响以外，也受其他东南亚国家的影响，在题材选取、艺术表现、母题创作等方面借鉴了东南亚其他国家的特色，同时，由于新加坡独特的政治、社会、人文等因素的影响，新加坡具有其他国家没有的电影题材，这也是受到新加坡历史条件的深刻影响。新加坡还是马来系电影汪洋大海中，在影片中受宗教影响较小的国家。

然而，新加坡作为东南亚唯一的发达国家，其电影的产量与其经济条件极不匹配，在泰国等国已经掀起了"新浪潮"运动，新加坡本土电影中断发展几十年，可能受限于国土面积及人口数量，在电影方面还未达到掀起浪潮的程度，可以预见，只要假以时日，新加

---

① *CNA-IPS Survey on Ethnic Identity in Singapore-IPS Working Papers No. 28*[R].2017,11：59.

坡电影人定能够相互扶持，新加坡的"新浪潮"指日可待。

小结

从全球范围分析，东南亚电影不论从艺术性、影响力以及产业发展程度，都相对弱势。除了泰国等少数国家，各国电影水平发展程度不一，都较为不成熟。长期以来欧美电影、日韩电影、中国电影的输入，挤占了东南亚各国的本土电影市场。

东南亚的华语电影一般为东南亚的华人或华裔创作，近30年逐步发展。东南亚华语电影多为小成本制作，作为华语视听觉传播的表现方式之一，电影成为华人、华裔导演进行个性化表达的渠道之一。新加坡、马来西亚具有华人人口较多、华语大众传播氛围相对宽松等先天优势，近年来新马华语电影不乏佳作，这两个国家的华语影视传播具有一定的研究价值，亟待进一步深入探讨。

第三节　东南亚华语广播电视发展研究

第二次世界大战以后，东南亚各国争取国家独立、民族自由的浪潮高涨，在东南亚各国独立后，各国之间各政党、各族群或争斗或自洽，形成不同的发展轨迹。在多股力量角力过程中，东南亚华人在不同国家历经不同的待遇与命运。

长期以来，东南亚华人遭遇了屡次"排华"风波，马来西亚的文化长期践行"马来先行"的理念，华人影视作品遭到不公正对待[①]，印度尼西亚华人甚至因为屡次大型的"排华"事件，在华语视听觉传播过程中有所顾虑。新加坡的英语强势地位[②]、马来西亚的马来人至上理念，都影响了华语在东南亚的视听觉传播。

本书课题组前期调研发现，东南亚华人社群当中使用华文最为广泛和集中的国家为马来西亚、新加坡、菲律宾、印度尼西亚、泰国、文莱等国，其中，新加坡、马来西亚、菲律宾、印度尼西亚等国的华文节目制作相对成规模：这些国家多家广播电台、电视台都有华语播音员主持人和专门的华文节目。但由于受到当地政策影响、人才欠缺等多方面的制约，东南亚华语广播电视的发展受限，亟待研究。

一、东南亚各国广播电视发展概况

（一）马来西亚

在马来西亚，华族不是占人口最多比例的族群，马来西亚最大的族群是巫族（即马来族），华裔约占人口的五分之一。根据马来西亚统计局公布的数据，截至 2019 年，马来西亚近 3258 万人口中，有 669.58 万华人，占马来西亚人口总数的 20.55%，是马来西亚第二大

---

① 马来西亚华人阿牛拍摄的华语影片《夏日么么茶》因为电影没有马来文，被马来西亚有关部门算作是海外电影，被政府征收 20% 的税。见于综艺节目《SS 小燕之夜》，又见于 Hee, Wai-Siam. Accented style : on Namewee's Sinophone Malaysian film and rap Songs[J]. *Interventions*, 2018：21(2), 273-290.

② 1979 年以来新加坡的"将华语运动"主要针对对象在很多时候不是华族内部不会说华语的英校生，而是仅限于华族内部弱势的方言群体。

族群①。

长期以来，马来西亚多项政策，都有意无意地打压华语电影②，一切文化政策的都要权衡"马来文化先行"思维，马来西亚华语广播电视没有被马来语及英语节目"边缘化"，在国营与私营、免费与收费电视频道中还呈现出欣欣向荣发展态势。

从马来西亚各家电视媒体所拥有的华人受众份额上看，市场份额最大的是首要媒体，排名第一的是首要媒体有限公司（Media Prima Berhad）旗下的 8TV（又名八度空间），约占华人电视观众总数的 38.5%；排名第二的是首要媒体旗下的 NTV7③，约占华人电视观众总数的 3.3%；排名第三的是首要媒体旗下的 TV3，约占华人电视观众总数的 2.6%④。综合以上数据，目前马来西亚的华语电视市场，首要媒体旗下媒体⑤ 所占市场份额最大。Astro 集团的 AEC HD 和欢喜台（Hua Hee Dai），两个频道的市场占用率均为 11%；再次是 Astro 集团的全佳台（Quan Jia HD）和双星台（Shuang Xing HD），这些频道的市场占据率在 2%—4% 之间。⑥

---

① Department of Statistics Malaysia Official Portal [DB/OL]. https://www.dosm.gov.my/v1/.2021-7-1.

② 见许维贤 "Accented Style: On Namewee's Sinophone Malaysian Film and Rap Songs" 等的论述。

③ 当初为一家独立私营电视台，既是与 TV3 与八度空间竞争。但在 2005 年，NTV7 因财务困难而被首要媒体收购，因此 NTV7 与 TV3、八度空间与 TV9 皆同属于首要媒体。

④ Strength & Resilience: *Annual Report 2020*[R]. thinkers & doers,Meida Prima: 50.

⑤ 首要媒体旗下有 NTV7、TV3、八度空间、TV9 等电视台。

⑥ 彭雨晴.海外华语电视的中华文化表达策略——以马来西亚华语文化节目《籍宝乡》为例 [J]. 传媒 ,2019(03):57-60.

表：马来西亚华语电视市场份额一览表

集团	频道名称	市场份额（单位：百分比）	使用语言
首要媒体有限公司	8TV	38.5	华语、粤语、英语、福建话、韩语、泰语
	NTV7	3.3	中文、韩语、马来语、英语
	TV3	2.6	马来语、英语、韩语、印尼语、中文、粤语、西班牙语、泰语
Astro	AEC HD	11	华语、福建话（闽南语）
	Hua Hee Dai	11	福建话（闽南语）
	Astro 全佳台	2—4	华语等
	Astro 双星 HD	2—4	华语等

　　马来西亚华人的籍贯有中国广东省、福建省、海南省等，华人社群使用福建话、潮语、粤语等乡音交流。由上表可以看出，使用的语言越贴近华人社群原生态的生活使用语言，收视率越高，8TV 主要使用语言是华语、粤语、英语、福建话、韩语、泰语等，覆盖的华语及中国方言的种类最广，最受到华人电视观众的欢迎。NTV7 使用语言为中文、韩语、马来语、英语等；TV3 使用语言包括马来语、英语、韩语、印尼语、中文、粤语、西班牙语、泰语等，也受到观众喜爱，但收视率低于 8TV。

　　节目制作水平与节目是否原创也影响了市场份额。Astro 的全佳台、双星 HD 基本为转播新加坡、中国台湾、中国大陆的纪录片、电视剧、综艺节目等，自制节目较少，收视率较低，而 Astro 旗下的 AEC HD 播出黄巧力等制作精良的纪录片和 Hua Hee Dai 有《欢喜来卡拉》《欢喜吃饱饱》《欢喜欢喜就好》等贴近籍贯为福建华人生活的自制节目,获得了一定的市场份额。

近年来,马来西亚华语精品节目不断涌现,8TV 自制华语节目《籍宝乡》,从华人的籍贯切入,探讨大马华人对于祖先的追溯,家族的传承,华族华文延续等问题。黄巧力的椰楼映画摄制的《我来自华小》《我来自新村》《问神》《扎根》等在马来西亚 ASTRO 等平台播出,这些系列节目制作精良,讲述马来西亚华人历史、华文教育、华人社团、宗教信仰等各个方面。2007 年为庆祝马来西亚独立50 周年黄巧力导演特别摄制大型华人文化系列纪录片《扎根》,记录了华人文化在本土扎根,并跟本土多元文化交融过程中得到承传、流变和发扬的过程。《扎根》分为交融篇、传承篇、发扬篇总共十三集,对华人在当地的历史、风俗、信仰、民间艺术等有了全方位的展示,该系列纪录片是马来西亚 Astro AEC 电视台为庆祝马来西亚独立的特别节目。

马来西亚的广播电台历来有依据听众的收听习惯,使用不同方言广播的传统。

郑美英(广播剧导演):之前(马来西亚)丽的呼声是播香港的广播剧,之后因为本地政府(马来西亚政府)希望鼓励我们本地创作,1973 年开始,丽的呼声招考广播剧团员。当时我写信来,(我)就从 1973 年做到现在。

解说:将近半世纪与小箱子的声音为伍,她经历过丽的呼声话剧组里各种方言话剧的辉煌时代。很遗憾的，她也见证了厦语组、潮语组和华语话剧组陆续凋零的过程。丽的呼声63载的广播，在2012年走入历史……我国（马来西亚）也只有988电台的粤语广播剧[①]被保存下来。

——《籍宝乡》第四集《乡音》

马来西亚华语广播电台除了988，还有哗！FM，于2005年停播。还有MY FM隶属于Astro旗下，是一家以华语、广东话、客家话等为主要语言的广播电台。Ai FM使用华语、客家话、闽南话、粤语等语言播出，是马来西亚颇有人气的华语广播电台，以播放华语音乐为主。

（二）新加坡

新加坡政府种族策略旨在构建能够让各个利益团体发表意见的渠道，这些渠道是一种控制源，可以提供界定思想的各个参数，渠道

---

① 马来西亚"丽的呼声"停播，粤语话剧组转投FM988无线电台旗下，粤语话剧组之后改名988广播剧团。马来西亚988电台由"丽的呼声无线广播有限公司"于1996年5月创立，以华语、马来语、英语三大语言分时间段对外播出。1997年6月26日，丽的呼声无线广播有限公司申请获得新闻部批准的另一张广播执照，即丽的呼声无线广播有限公司的中文电台"丽的988"，由原来的11小时广播延伸到全天候华语广播，频率为FM98.8。2002年"丽的988"改名为"988"，现在已经被Star Publishions（M）Bha收购，公司更名为Star RFM Sdn.Bhd。20世纪40年代初，马来西亚"丽的呼声"设有金、银两台，使用粤语和闽南语广播。见于郭彦，陈宏昌，彭伟步著.传承与超越 海外华文传媒历史与现状分析[M].北京：中国国际广播出版社，2012.01.

之一就是族群报纸。^① 新加坡的媒体立场与中国情况类似，支持国家发展，接受政府领导，同时警惕西方媒体的渗透。

新加坡前总理李光耀 1971 年于赫尔辛基，在世界报业学会（IPI）大会上的演讲明确表示：对于外国通讯社试图通过舆论影响新加坡人的态度，新加坡政府有责任加以抵制。有鉴于此，新闻自由、媒体自由都必须从属于新加坡国家完整统一的最高利益，符合选举产生的政府的第一需要。李光耀继任者新加坡总理李显龙也持有相似的媒体观点。

新加坡有多项法案对媒体发展施行管理。1974 年"报纸与印刷新闻法案"涉及面最广，每年国家会给报纸、出版商、印刷商、主编颁发许可证和营业执照。尽管没有事前审查制度，但是政府可以通过批准或拒绝颁发许可证等手段来间接管理报纸行业、出版发行行业等。1994 年的新加坡广播权法案，卫星电视的接收必须架设天线，而目前只允许金融机构、外国使团直接接收卫星电视。

2003 年 1 月 1 日，媒体发展管理局（Media Development Authority，MDA）成立，由新加坡广播管理局（Singapore Broadcasting Authority）电影及出版署（the Films and Publication Department）新加坡电影发展局（the Singapore Film Commission）三家机构合并而成，负责管理图书、广播、电视、电影、新媒体的出版、发行、播放、放映等事务。新加坡媒体发展管理局和新加坡资讯通信发展管理局

① 郭振宇.新加坡报业对稳定族群关系的作用 [A]，见赵振群.东南亚华文传媒研究 [C].北京：北京师范大学出版社，1988:10—22.

（Infocomm Development Authority，IDA）隶属于新加坡新闻、通讯及艺术部（Ministry of Information，Communications and the Arts，MITA）。2004 年，MITA 改为 MICA，2012 年，正式更名为新加坡通讯及新闻部（Ministry of Communications and Information, MCI）。2016 年 9 月 30 日，新加坡资讯通信媒体发展局（Info-communications Media Development Authority，简称 IMDA）正式成立，该局整合了新加坡媒体发展管理局（MDA）与新加坡资讯通信发展管理局（IDA）[①]。

新加坡新传媒私人有限公司（Meidacorp Pte Ltd.）在新加坡广播电视的发展史上占有重要位置。新传媒集团广播电台创立于 1936 年 6 月 1 日，电视传媒始于 1963 年 2 月 5 日。该集团拥有全方位的媒体业务，业务涵盖电视、广播电台、娱乐节目制作、报纸、杂志等传媒业务。该集团的"亚洲新闻台"1999 年 3 月启播新加坡台，2000 年 9 月启播国际台。"亚洲新闻台"由该集团的电视新闻中心"新传媒新闻"管理，24 小时不间断播放，总部在新加坡，2004 年 11 月 1 日落地中国。

1995 年，新加坡电视国际公司（TCS International）成立，并随之推出一个华语卫星频道——新加坡电视卫星频道，透过卫星向海外播放，地区包括中国大陆、台湾地区、美国、澳洲、马来西亚、新西兰、泰国等地。

① 李蕙心.资讯通信媒体发展局正式成立 开创科技改善民生为主要任务 [N].新加坡联合早报，2016,9(30).

新加坡华语电视台有隶属于新加坡新传媒私人有限公司的八频道（Channel 8）和 U 频道（Channel U），U 频道曾经隶属于新加坡报业控股有限公司（Singapore Press Holding Ltd.），名为优频道。报业控股华文媒体集团下属的中文台有中文音乐台 100.3 和中文音乐台 96.3 好 FM。中文音乐台 100.3（UFM 100.3）是报业控股华文媒体集团下属的中文音乐电台，面向 35 至 49 岁听众群体。每年会举行《U 选 1000》活动，投票选出听众最喜欢的中文歌曲。此外，还有新闻、生活服务等节目。96.3 好 FM 是报业控股华文媒体集团下属的中文音乐电台，面向 40—59 岁听众。该频率主打 20 世纪八九十年代的好歌，该频率的内容还有新闻、生活服务等。新加坡报业控股有限公司与新加坡新传媒于 2005 年 1 月 1 日合并，优频道改名为 U 频道。

1990 年起，新传媒的当家主持人梁智强不仅创造了《搞笑行动》《欢笑巅峰》《我是创新王》等综艺节目的收视神话，还反串塑造了"梁婆婆""梁细妹"等家喻户晓的电视经典形象。他还充分发掘谐星，与李国煌，程旭辉，莫小玲等人成立了"梁家班"。梁智强把他在电视上积攒的口碑与人气延展到了大银幕中，《钱不够用》第 1、2 部就是由他与李国煌，程旭辉等人组成的主角阵容，在他的多部电影中也启用了梁家班的成员。他还把在电视上塑造的"梁婆婆""梁细妹"搬上了大银幕，1999 年，丁美莲 Bee Lian Teng 执导的《梁婆婆重出江湖》中的梁婆婆，就是由梁智强反串的。2018 年，梁智强 Jack Neo 执导的《旺德福！梁细妹》中，梁智强继续塑造了经典的电视中年女性形象"梁细妹"。

2019 年李国煌导演的电影《玉建煌崇大件事》(*Make It Big Big*)围绕新加坡新传媒著名节目《早安！玉建煌崇》的四位主持人的经历再加上一些戏剧化加工，呈现在大银幕上。Love972 最爱频率是新加坡新传媒的华语广播电台，电台的王牌节目《早安！玉建煌崇》由陈碧玉、陈建彬、李国煌、周崇庆等主持，节目名称也选取四人每个人名字中的其中一个字，后来他们的广播节目又转战新传媒华语频道八频道，脱口秀节目《玉建煌崇》同样用方言主持，节目还增加了小剧场环节。

2015 年由新加坡新传媒哇哇映画制作的《不一样的南洋华人》演员王佃裁作为主持人，用脚步丈量马来西亚、菲律宾、泰国、印尼等东南亚各国华人聚居地，找寻华人在东南亚的足迹，这也是新加坡人对于个人身份的探访与找寻。

（三）印度尼西亚

1967 年印尼苏哈托执政时期，严厉控制华文媒体与华文教育，1999 年瓦希德上台之后，重新放松对华人的政策，印尼万隆美声华语广播电台于 2001 年 4 月 1 日在华社支持下，由印尼万隆市华人陈如镇顺应局势成立。这个电台是印尼首家一天 18 个小时用华语播出各种节目的电台。该电台节目多样化，有新闻播报、学说华语、华语歌曲、华人事迹等内容。起初该电台的听众大部分是中老年华人，现在年轻华人和其他族群也收听该电台。

印尼美都电视台中文频道（Metro TV）于 2000 年 11 月 5 日成

立，由印尼媒体集团总裁苏立亚·巴罗（Surya Paloh）创办。美都电视台是印尼首家以新闻为主的电视台，新闻使用了印尼文、英文、中文三种语言。自 2001 年 4 月 1 日起，该台升级为全天 24 小时不间断播出的电视台，并逐步增加其他栏目，其中包括每天半小时的华语新闻栏目《美都新闻》，美都台是印尼首家播放华语栏目的电视台。《美都新闻》播出内容包括印尼国内外新闻等，尤其关注印尼华人问题和有关中国的报道，在印尼华人社会有较大影响力。2002 年 4 月，印尼美都电视台与中国中央电视台就两台新闻交换、人员培训及定期互访签订谅解备忘录。

98.3FM 雅加达第一华语广播电台成立于 1971 年，从 1993 年开始以新面貌播出华语歌曲。有员工 50 多名，播音员 20 多名。24 小时全天播出各类节目。

亚洲东盟卫视是 2019 年 2 月 20 日于印度尼西亚首都雅加达注册的一家卫星电视台，在中国、日本、韩国及东盟各个国家设有新闻中心和记者站，以中英文双语播出，通过亚洲 7 号卫星和地面有线覆盖东盟十国的 6.5 亿人口，旨在促进东盟十国以及亚洲各国的文化交流与经贸合作。

（四）菲律宾

菲中电视台创办于 2001 年，是菲律宾首个华语电视台，播映于国家电视台 IBC13 频道，是菲律宾首创以华语、闽南语、英语和菲语制作的综合电视台，覆盖全菲律宾。2013 年，菲中电视台成功举办了首届"菲中先生、菲中小姐"比赛，并在全菲律宾现场直播，是至今在菲规模最大的华人选美比赛。

菲中新闻台于 2017 年 10 月份开始从周一到周五播映，是全菲唯一一档华文新闻台，菲中新闻台是以中文为主，而以英文和他加禄语为第二语言的电视台。

菲华电视台成立于 2010 年，有电视节目、印刷品、新媒体等多个平台。该电视台节目在菲律宾最大的媒体集团 ABS-CBN 新闻频道（ANC）中播出，首播时间为每周日 10 点到 10 点 30 分，内容包括菲律宾华人地区的美食、旅游、健康、保健等话题。

（五）泰国

泰国中文电视台（TCTV）于 2005 年 12 月 18 日正式开播，是由十几位泰国华人投资一亿泰铢创办的。泰国中文电视台由中国中央电视台支持播出中泰文的电视节目，有新闻、纪录片、文艺节目等，语言有中文、泰文、潮州话、客家话等。该台对两国文化、教育、体育、旅游、贸易等方面的交流和合作起到很大作用。

泰国中央电视台（Thai CCTV）在中泰两国政府支持下，于 2009 年 2 月 28 日正式开播，是拥有中泰双语的国际频道，通过太空 5 号卫星调频收看，总部设在泰国曼谷。

丝绸之路电视台（SRTV）经泰国政府批准注册成立，是东南亚首家中泰双语同步播出的卫星电视台。拥有资讯类节目《东盟资讯》旅游节目《泰国 gogogo》以及《影视剧场》等。2016 年 12 月实现卫星覆盖，于老挝一号通信卫星正式上星，信号覆盖东南亚各国。[①]

（六）文莱

文莱广播电视台（RTB）创建于 1957 年 5 月，总部设在首都斯里巴加湾，是文莱唯一的一家广播电视台，以马来语、英语、华语和尼泊尔语播音。大部分节目需要进口，75% 的节目来自美国，其他节目来自英国、澳大利亚、东盟国家，只有小部分在当地制作。

文莱 RIB 与中国中央电视台同为亚太广播联盟、亚太广播发展机构成员国。近年来，该台与中国中央电视台、南京电视台、广西电视台等有合作。

（七）越南、老挝、缅甸、柬埔寨

越南、老挝、缅甸、柬埔寨等国位于中南半岛，这几个国家华语广播电视的发展较不成熟。

20 世纪 50 年代，越南"南方之声"用粤语广播。[②]目前，越南的 ANTV 制作有中文节目，越南观众还喜欢观看中国的电视剧等，如《英雄无悔》《中国式离婚》等，中国电影和电视剧对越南影响比较大，越南网友自制恶搞片或翻拍片，取材中国电视剧《还珠格格》《神雕侠侣》《武媚娘传奇》《花千骨》等，在网络等新媒体平台播放，用越南语演出，吸引了众多网友点击，足以见得当地观众对于原版

[①] 世界华文传媒年鉴编辑委员会编 . 世界华文传媒年鉴 2017. 世界华文传媒年鉴社 , 2017（9）: 160.

[②] 郭彦，陈宏昌，彭伟步 . 传承与超越 海外华文传媒历史与现状分析 [M]. 北京: 中国国际广播出版社 , 2012.

中国电视剧的熟悉程度。越南的大部分影视作品需要借助海外力量，本国自制影视的原创力不足，这也引发了越南一些媒体的担忧与反思①。

柬埔寨目前有中国中央台等多家电视台节目在当地播放，缅甸国家电视台每年有向中国中央广播电视总台购买节目的传统，老挝的中文华语媒体长期以来发展都相对滞后，2019 年 10 月该国的英文媒体《万象时报》启动中文网络平台②。

二、东南亚各国华语广播电视发展特点

（一）与当地华文教育水平正相关

语言承载文化，一个国家的华文教育水平决定了华语媒体的生死存亡。东南亚各国华语媒体的发展，离不开华文教育的支持，如果一个国家的华文教育遭受压制，那么掌握华语的一代人就会锐减，最终影响这个国家的华语媒体发展水平。

马来西亚拥有华文小学、华文独立中学、华文大专院校等完整的华文教育体系，马来西亚是东南亚各国拥有最为完善华文教育的国家之一。尽管马来西亚长期以来的政策并不鼓励华文教育，但是马来西亚华人社团长期为华文教育捐资助力，使得马来西亚华文教育

---

① Phim Trung Quốc tràn vào Việt Nam qua ứng dụng OTT: Cảnh báo nguy cơ về giá trị văn hoá và chủ quyền không gian mạng.*ICTNEWs*[DB/OL].2019-8-23/2021-7-1. 以及 An Nguyen - Hue Nguyen - Ha Thu.Kiểm duyệt phim Trung Quốc ở Việt Nam còn sơ hở.VNEXPRESS [DB/OL].2019-10-15. 等。

② 中国侨网.老挝万象时报举行中文网站启用仪式.中国侨网 [DB/OL].2019-10-15/2021-7-1.

发展拥有不竭动力。

1979 年以来新加坡的"讲华语运动"主要针对的对象往往在很多时候不是华族内部不会说华语的英校生，而是仅限于华族内部弱势的方言群体。新加坡华人掌握方言的水平随着代际 (时间) 推移明显呈下降趋势，而英语亦逐渐成为华人之间交流的主要语言。新加坡华人不太认可华语的"有用"，"亲切""好听"是他们对华语的普遍感受[①]。尽管新加坡仍然有特选学校[②]教授华文，但是年轻一代新加坡人的华语水平已经相对较低了。

泰国的华文学校曾经一度被政府关停，但是经过华人社团、华文媒体的不懈努力，如今泰国全国的小学、中学、大学都开设有华文课程，甚至有些补习班也教授华文。

印度尼西亚曾经历过较为严重的"排华"事件，1967 年以来苏哈托政权推行同化印尼华人的政策，中国语言专家潘国文将苏哈多的同化华人政策概括为"三禁一强"：禁华校、禁华报、禁华社，强

---

① 刘华，黎景光，王慧 . 面向东南亚华语语言规划的语言态度调查研究 [J]. 语言文字应用 ,2018(02):11-19.

② 特选学校是新加坡 1979 年特别辅助计划（Special Assistance Plan；简称 SAP）选取的学校，小学有 15 所，中学有 11 所，为培养学生的双语能力而设置的教育课程，因为这些课程由政府指定学校推行，所以称为"特选学校"。特选课程除了学习母语，还学习母族文化，目前该计划仅有华文教育课程。1983 年之前，尽管有特别辅助计划，但是特选学校（主要是华文中小学）的生源仍然逐年减少，经过学校教职工努力，1983 年普通水准会考放榜，特选学校成绩骄人。如今特别辅助计划门槛高，针对学习成绩优异，精通母语和英语的学生设立教育课程体系。该计划施行以来受到李光耀总理、李显龙总理、教育部长王乙康等人的支持与鼓励。参见：郑昭荣 . 交流站：特选学校何其来 [N]. 联合早报 , 2018,2(22). 以及 SAP. Ministry of Education, Singapore[DB/OL].2008,2(11). 以及 Special Assistance Plan (SAP) school[DB/OL]. 推广华语理事会 .2021-2-18.

制入籍。①华文教育和华文报刊被取缔，一直到 1999 年瓦希德上台以后，才全面解禁华文教育。彼时印度尼西亚华文教育已经中断 33 年，影响了一至两代印尼华人，尽管印尼华文教育又迅速发展起来，但是面临华文教师短缺、华文教材不适合印尼华人等情况。

不少华语媒体有支持当地华文教育的传统。历史上许多华人领袖热衷办报，将媒体获得的收入支持当地华文教育。爱国华人领袖陈嘉庚创办《南洋商报》，他热衷教育事业，除了在中国创办厦门大学、集美大学、集美中学、集美小学、集美幼儿园等，还在新加坡创办了新加坡南洋华侨中学、南侨师范学校、南侨女子中学等多所学校。胡文虎创办了《星洲日报》《星岛日报》《英文星报》《星暹日报》与《星槟日报》等报纸，热衷于捐资助学，具体有中国的大夏大学、中山大学、岭南大学以及厦门大同中学、双十中学等；他还在新加坡捐建了十几所中小学。

（二）东南亚华文新媒体崛起

随着移动互联网发展，近年来广播电视占有的市场份额逐渐被新媒体取代，年轻人倾向通过移动互联网点击收看电视节目，收听广播也不再是在家守着收音机；年轻人收听广播的媒介更多为车载收音机或者手机、电脑等。随着数字技术的发展，东南亚年轻人倾向通过海外的在线视频平台观看影视，如美国视频网站 Youtube、Netflix、Apple TV 等，也有不少华人观众会在爱奇艺、腾讯视频、

---

① 沈泽玮 . 国际特稿：印尼华教热退缓步行 [N]. 联合早报，2020,2(2):5.

芒果 TV 等收看中国节目，东南亚本土自制华语节目的市场空间受到挤压。

东南亚青少年还会收看 Iflix，Iflix 成立时总部位于马来西亚吉隆坡，是一家视频平台。Iflix 在菲律宾、泰国、印尼、越南、缅甸、柬埔寨等东南亚国家以及其他区域国家可以提供观看。2020 年 6 月，中国腾讯收购了 Iflix。

近年来，传统报刊媒体纷纷转型，搭建起集报纸、网络、视频为一体的传媒集团。新加坡报业控股集团是新加坡最大的报业集团，旗下的"新加坡联合早报网"是融合了新闻报道、图片、视频等多媒体呈现方式的华文网络平台。

"马来西亚星洲网"隶属于马来西亚星洲集团，集合了新闻、图片、视频等多媒体内容，马来西亚星洲集团还拥有马来西亚最具影响力的华文报纸《星洲日报》。该集团还曾经创办马来西亚网络华语电视台"常青台"。

（三）与中国交流频繁

整体来说，由于人才、资金、政策等多种条件限制，东南亚各国本土节目制作水平普遍不高，因此，大量播出时间段需要非自制华语节目支持，近年来，中国中央电视台每年向全球销售的节目中，东南亚地区就占到一半以上。此外，东南亚各国还引进了不少国外影视剧，其中中国影视剧就占了相当一部分。

1974 年，马来西亚与中国建交，这是东南亚各国第一个与中国建交的国家，马来西亚长期以来与中国保持良好关系。中国的多个电视频道，如中央台、凤凰卫视等，陆续通过卫星电视和网络电视等付费平台，在马来西亚落地。

新加坡尽管拥有华人的比例在东南亚各国当中最高，但是却是东南亚国家中最后一个与我国建交的国家。自 1990 年与我国建交以来，两国在经济、经贸、文化等领域交往频繁。新加坡播出的中国中央电视台纪录片《大国崛起》《张骞出使西域》等纪录片引发收视热潮，而新加坡的电视剧有许多购自海峡两岸暨香港等地，如果新加坡引进的电视剧是中国方言，会配译成华语。

20 世纪 80 年代起，中国与菲律宾广播协会每年交换代表团互访。2018 年 11 月，习近平总书记首次对菲律宾国事访问之际，中国国家广电总局举办中国优秀电视剧菲律宾推介会。[①]2020 年 4 月，中国国家广电总局向菲律宾捐赠国产电视剧、纪录片、动画片等。[②]影视交流是国家间文化交流的一种形式，通过文化交流，双方可以进一步增加对于文化的理解与沟通，为两国政治、经济等方面的合作打下良好基础。

中南半岛方面，缅甸国家电视台每年有向中国中央广播电视总台购买节目的传统；越南在 2005 年把我国省级云南卫视纳入电视网；柬埔寨有中国中央台、多个省级台频道落地。

---

① 赵益普.深化中菲影视合作："影像中国"在菲律宾举行推介会 [DB/OL].人民网. 2018-11-20/2020-2-28.

② 张曦.广电总局向菲律宾捐赠多部影视剧 支持菲抗击疫情.中国新闻网 [N]. 2020-4-10/2021-2-28.

（四）媒体人的坚持与担当

东南亚各国的媒体人为推动华文媒体发展起到了至关重要的作用。可以看到，这些华人大多出生于住在国独立之前，对于华人族裔身份、中华文化有强烈认同感，再加上对于从业多年华语媒体饱含深情，他们积极投入华语传媒的创办中，他们当中有许多人已年过七旬，仍然坚持华语传播事业，令人敬佩。

马来西亚华人张晓卿曾斥资拯救《星洲日报》，并亲任多家华文报刊的社长，此后，常青集团旗下的多家公司挂牌上市，其中就有星洲媒体集团等。

印尼知名学者李卓辉2014年任《印华日报》的总编辑，2018年创办《印尼新报》新传媒，曾任印尼东盟南洋基金会主席。他编著了38本著作，研究东南亚华人参政议政、东南亚华文教育、东南亚华人领袖等，迄今他仍然每日制作电子版报纸《印尼新报》。

此外，还有菲律宾"菲中新闻台"的施玉娥、菲律宾"电影女王"杨莉华、新加坡"丽的呼声"的张美香等人，都是对华语传播抱有热忱的媒体人。

东南亚华文媒体人不仅与新近发生的事实打交道，还自发编撰本国华语的报业历史，例如：李卓辉《印华先驱人物光辉岁月：印尼华人报刊和独立先贤史话》、朱自存《纵观华报五十年——马来西亚华文报发展实况》、叶观仕《马新新闻史》、郑文辉《新加坡华文报业史》、林景汉《独立后华文报刊》等，这些媒体工作者多是根据自己亲身经历的总结，具有重要的史料价值，但学理性还有待提升。

　　节目文本深层结构是知识权力的隐匿。从全球视野上看，承认节目文本的主观意识形态色彩，有利于在国际传播中，寻求更有优势的话语为族群发声，积极争取华人在国际话语体系中的有利地位。从东南亚华语传媒发展现状上看，如果住在国的华语媒体发展相对强势，相对来说华人在当地的政治、经济、文化等各个方面具有较多的话语权，而拥有一定话语权的华人社群，又能够支持华语媒体的发展，华语传媒的发展与华人社群的发展是相辅相成的关系，因此，研究东南亚华语广播电视的发展具有现实意义。

　　面对移动新媒体发展的挑战，东南亚华语媒体应该抓准时机，抢占新媒体领域，利用已有的采编优势夯实基础，发展适应于新媒体环境传播的优质音视频内容，积极寻求对外传播，提升东南亚华语媒体在全球华人世界的知名度与美誉度。

第三章 华教·华语艺术与华语传播：
以新加坡为例

　　新加坡建国以来大规模的填海工程使得新加坡的面积达到 728 平方公里，2020 年统计新加坡人口为 568.58 万[①]，国家人口密度仅次于城邦国家摩纳哥，城市人口密度仅次于中国澳门。新加坡与印度尼西亚、马来西亚相邻，是马来汪洋世界的"小红点"，是东南亚唯一的发达国家，是东盟创始国之一。新加坡的人口占最大比重的是华人，约占三分之二的人口，新加坡其他的种族包括马来人，印度人，还有欧亚混血等。

　　1965 年新加坡建国以来，"国族认同"的构建与强化，一直是政府面临的重要课题。为塑造各族群的国家认同，新加坡政府把各族群的文化认同置于国家的认同的框架之下，并采取了一系列政策，包括教育与语言、文化政策。新加坡政治治理族群关系的一个政策支柱是使族群关系非政治化。庆典活动只限文化范畴，不能超越政

　　[①] 新加坡国家统计局 .[DB/OL].https://www.singstat.gov.sg/find-data/search-by-theme/population/population-and-population-structure/latest-data.2021-2-17.

治范畴。^①新加坡建国后，建屋局分配房屋时把打破族群界限分配房屋作为一个重要的制度固定下来。^②

尽管新加坡最大的族群是华人，然而新加坡政府在 20 世纪 80 年代全面废除华校，将原来的华校改成全英校。英语是新加坡华人的最主要语言，年轻一代新加坡人基本上精通英语，但多数新加坡青少年华文水平不好，有些水平稍微好些，也只会听说，不会读写。

新加坡的"讲华语运动"开始于 1979 年，该运动针对的对象不是不会说华语的华人英校生，而是华族讲方言的群体。1979 年以后，官方禁止任何方言节目在广播电视上播出，一切从港台引进的粤剧、闽南语剧都要配上普通话。梁文福创作的新谣歌曲《麻雀衔竹枝》，因为涉及几句闽南语与粤语，只允许在方言广播"丽的呼声"中播出，终于在 2013 年解禁。^③2013 年蔡於位导演的新谣电影《我的朋友，我的同学，我爱过的一切》重新编曲了《麻雀衔竹枝》，保留的了方言，原本以为需要删除方言才得以在广播电视上宣传，后来得知不用删减方言，影片公映可以保留带方言的新谣。

一个以共同语言、文化和习俗为基础的群体，是传播得以产生的社会前提，而教育则是促成这一群体中的成员对群体产生认同的主

① 郭振宇.新加坡报业对稳定族群关系的作用 [A]. 见：赵振祥 . 东南亚华文传媒研究 [C] 北京：世界知识出版社 .2006:246-257.
② 夏玉清 . 试论新加坡组屋政策与国家认同 [J]. 河南师范大学学报 (哲学社会科学版),2011,38(04):152-156.
③ 李亦筠 . 遭禁播 23 年 梁文福歌曲《麻雀衔竹枝》解禁 [N]. 新加坡联合早报 ,2013,8(2):10.

要途径。①新加坡的华文教育的政策影响是非常深远的。在媒体方面，最直接的影响是熟练使用不同语言的人群使用的媒介不同，新加坡《海峡时报》的读者多为熟练掌握英语的人群，而《联合早报》的读者为掌握华语的受众，这两本刊物呈现的文化认同也不尽相同。

东南亚研究著名学者廖建裕认为，在东南亚，华族文化是以三大支柱来支撑：华社、华校（华文教育），以及华文媒体②。新加坡是除了中国以外，世界上以华人人口为主的国家，是杜维明所述"文化中国"中，唯一一个位于中国海外的国家。新加坡曾经建立过全球第一个，也是迄今为止唯一一个海外综合性华文大学"南洋大学"，新加坡年轻人自创歌谣"新谣"，也是以华语为主要传播语言媒介的艺术形式。本章选取新加坡作为观察点，探讨华文教育、华语文化艺术与华语视听觉传播的关系与相互作用。

第一节　"南洋大学"的华文教育与华语视听觉传播

南洋大学是海外第一所，也是唯一一所综合性华文学校，建校时间是 1955 年，原校址建立了南洋理工大学，部分学系并入新加坡国

---

① 阎立峰.经济动机的缺失与菲律宾早期华文报业 [A]. 见：赵振祥.东南亚华文传媒研究 [C] 北京：世界知识出版社 .2006:31-43.

② ［新加坡］廖建裕.东南亚与华人族群研究 [M].新加坡：新加坡青年书局出版社 .2008(2):199.

立大学。有学者认为该校是南洋理工大学的前身，有人却不认同。[①]
然而，由于"南洋大学"牵涉新加坡多个敏感话题，学界对该问题
的深入探讨较少，已有的记录多是由南洋大学的校友以及其反对者
发出的，本研究通过对纪实影像与文字记载的媒介知识考古，从多
方面的记载还原历史，从一个侧面窥探华文高等教育在东南亚发展
的艰难过程。

南洋大学创办之初的悲壮轰烈为其之后的命途多舛埋下伏笔。南
洋大学成立是由于二战后政治环境的改变，为了偏重中文教育，不
擅长英语的华校生有读大学的出路，由东南亚著名华人，时任福建
商会主席的陈六使先生等人大力倡议，甚至拿"福建会馆"的几百
亩地倾力支持而创立的。南洋大学的建立还受到了劳动人民的热烈
响应，三轮车夫、小贩、歌女等纷纷慷慨解囊。学校开学第一天，
万人空巷，然而在建校25年后，却悲情收场，此间的波折与无奈折
射出华文教育在东南亚面临的多方面压力与排挤，以及与此的妥协
与抗争。

今本邦华校学生达三十余万人，高中毕业生每年不下五六百人，
将来与年俱增，势所必至。但时代悲剧，升学无门。昔年原可负笈
大陆，政局既变，形格势禁，为之裹足。此间虽有马来亚大学，但
入学资格，偏重英文，且学额无多，即英校九号毕业生，亦无法全

① 见2002年10月4日的《联合早报》梁丁尧《让南大史一脉相承》；2002年10
月8日《联合早报》洪雅琳《此南大非彼南大》；2002年10月12日梁丁尧《一脉相承贵
乎饮水思源》；2002年10月16日《联合早报》傅文成《几句好话不等于饮水思源》等。

部容纳，大半被拒于大学门外。吾人目睹优秀青年，彷徨歧途，进退维谷，教育功亏一篑，地方坐失人才，良堪浩叹！

——创立南洋大学宣言，1953 年 4 月 7 日^①

　　该校创办时间历经复杂的国内外环境，1955—1980 年这段时间是中国全面建设社会主义时期、"文化大革命时期"，改革开放初期；东南亚国家在二次世界大战之后，争取民族独立、国家解放的浪潮高涨，各国多方政治力量角力；世界范围看，东西方阵营处于对抗之中；多党派、多民族斗争，局势复杂；在新加坡，此间历经了马绍尔、林有福、李光耀等人领导，多党派的政权更迭，左派受到多次打压，华校也多次遭受打击，1963 年南洋大学的发起人陈六使在李光耀领导的人民行动党赢得大选的第二天，被褫夺公民权。^②东南亚的新加坡华人，面对复杂的国际与国内局势，举全民之力艰难创校，在办校过程中又遭受多次打击，最终于 1980 年被撤并。

　　语言是文化的承载，研究南洋大学，对研究海外华人对语言与文化的传承、国族认同问题具有重要意义。为何海外华人在历届政府：殖民政府、劳工阵线政府、人民行动党政府都不十分支持的情况下，仍然坚持创办华文高校，解决华文高中生的升学问题。这些记忆所

---

① 王如明主编.南洋大学文献 南洋大学创办六十周年纪念 1955 年—2015 年.新加坡南洋大学毕业生协会，2015.06（10）.新加坡文献馆《南洋大学南洋卷三委员会文献》也有记录。

② 综合 [新加坡] 尼古拉斯·塔林主编.剑桥东南亚史第 2 卷 19 世纪至 20 世纪 [M].昆明：云南人民出版社，2003.01.和维基百科等。

构成的伤痛，是如何影响南洋大学的学生，至今为学校的历史书写与奔走，又是什么支撑着南大的校友们，用文字、图片、影像资料的方式，记录学校的温情与抗争，本研究通过对南洋大学纪实影像分析以及历史考古，进行探究。

一、南洋大学的相关研究

历史上，中国上海曾经也有一所南洋大学[①]，与今"天津大学"的前身"北洋大学"相呼应，位于中国上海，是上海交通大学和西安交通大学的前身，创办于1896年[②]。《南洋大学三十周年纪念》一书出版于1926年[③]，该书为中国南洋大学理工科方面的学术论著[④]，文献资料梳理中，应注意与位于新加坡的南洋大学区分，1926年1月出版的《南洋大学概况》及同月南洋公会同学会《南洋季刊》创刊号发行[⑤]，都出自中国的南洋大学。《南洋大学学生生活》亦属于南洋

[①] 当时中国海岸线的划分，黄海、渤海称为"北洋"，而长江口以南（东海在内）直到福建、广东称为"南洋"，所以盛宣怀在上海新办的学堂称为"南洋公学"。参见：何立波.盛宣怀档案.解密北洋、南洋大学创办始末.中国档案报[N].2010-4-26(3).

[②] 一说创办时间为1922年。根据上海交通大学新闻网表述，"2016年4月8日，上海交通大学即将迎来一百二十岁华诞"。则其前身南洋大学成立于1896较为准确，另据《南洋大学三十周年纪念》一书出版于1926年往前推算30年，则创办日期也是1896年，该大学历经了清朝、北洋政府和民国时期。

[③] 邓宗尧.南洋大学三十周年纪念[M].商务印书馆.1926.06.该书扉页记载为丙寅年，版权页记载为民国十五年十月印行，即为1926年。

[④] 明末清初著名的外交家唐绍仪题词"电信交通之进步"，目录包括电流、电报、电影等方面的论述。

[⑤] 西安交通大学档案馆.南洋公学—交通大学年谱[DB].1926年丙寅年（民国十五年）.

大学学生会南洋周刊社编写的中国的南洋大学相关刊物①。

位于新加坡的南洋大学文献主要为其校友们及东南亚华裔撰写编辑的，内容以历史记载和梳理为主，相关文献如下：

1956 年新加坡南洋文化出版社出版的《南洋大学创校史》详细记录了南洋大学创立的缘起、发展、遇到的困难及解决等，内附多幅珍贵照片。② 还有《南洋大学创校十周年纪念特刊（1956—1966）》③《南洋大学史料汇编》④《南洋大学历史图片集》⑤《南洋大学走过的路》⑥ 等，这些史料从宏观的角度勾勒南大的面貌。⑦

2003 年归入新加坡南洋理工大学人文与社会科学学院的中华语言文化中心出版了几套丛书，第一套是"南大语言文化丛书"，第二套是"南洋人文丛书"，其中"南洋人文丛书"收录有"南洋大学历史研究系列"，丛书共有《理想与现实：南洋大学学生会研

---

① 南洋大学学生会南洋周刊社.南洋大学学生生活 [M].民国.从出版时间为民国以及内页《交通部南洋大学一年级招生简章（民国十二年夏季）》可知，为中国的南洋大学。

② 南洋大学创校史.新加坡：新加坡南洋文化出版社 [M],1956.11.

③ 南洋大学创校十周年纪念特刊 (1956—1966) [M].新加坡：南洋大学创校十周年纪念特刊编辑委员会 ,1966.

④ 南洋大学史料汇编编委会.南洋大学史料汇编 [M].吉隆坡：马来亚南洋大学校友会 ,1990.

⑤ ［新加坡］纪宝坤、崔贵强编著.南洋大学历史图片集 [M].新加坡：华裔馆 ,2000.

⑥ ［马］李业霖编.南洋大学走过的历史道路 [M].吉隆坡：马来亚南洋大学校友会 ,2002.

⑦ ［新加坡］丘淑玲.序言 // 丘淑玲编.炽热年代、铿锵声音：南洋大学学生会文献汇编 1956-1964[M].南洋理工大学中华语言文化中心；八方文化创作室 ,2012:XXI.

究 (1956—1964)》①《南大图像：历史河流中的省视》② 等多本书籍出版。③2010 年以来，有《郑奋兴讲南大故事》④《炽热年代、铿锵声音：南洋大学学生会文献汇编 1956—1964》⑤《陈六使与南洋大学》⑥《语言、政策与国家化：南洋大学与新加坡政府关系》⑦ 等书籍出版。

至今南洋大学毕业生以多种方式延续南大精神，各地校友会开设了多个校友网站，还出版编辑了多部专著：毕业于南洋大学历史系的李亚霖，主编有《南洋大学走过的历史道路：创办到被关闭重要文献选编》⑧《南洋大学史论集》⑨《南洋大学创办人陈六使言论集》⑩ 分别于 2002 年、2004 年、2014 年出版。

1987 年南洋大学毕业生协会编辑《南洋大学毕业生协会成立廿

---

① ［新加坡］丘淑玲.理想与现实：南洋大学学生会研究 (1956—1964) [M].新加坡：南洋理工大学中华语言文化中心、八方文化创作室,2006.

② ［新加坡］李元瑾.南洋大学历史研究 2 南大图像 历史河流中的省视 [M].南洋理工大学中华语言文化中心，2007.

③ ［新加坡］李元瑾."南洋人文丛书"总序 // 利亮时.陈六使与南洋大学.新加坡：南洋理工大学中华语言文化中心、八方文化创作室 [M].2012：iii.

④ ［新加坡］郑奋兴.郑奋兴讲南大故事 [M].陈玉雄，刘慧娟访谈、李元瑾主编、郑良树协助主编.南洋理工大学中华语言文化中心.八方文化创作室,2011.

⑤ ［新加坡］丘淑玲编.炽热年代 铿锵声音 南洋大学学生会文献汇编 1956—1964[M].南洋理工大学中华语言文化中心、八方文化创作室，2012.

⑥ ［新加坡］利亮时.陈六使与南洋大学 [M].新加坡：南洋理工大学中华语言文化中心、八方文化创作室，2012.

⑦ 周兆呈.语言政治与国家化——南洋大学与新加坡政府关系 (1953-1968)[M].福建教育出版社.福建教育出版社.2017.

⑧ [马]李亚霖.南洋大学走过的历史道路：创办到被关闭重要文献选编 [M].马来亚南洋大学校友会,2002.

⑨ [马]李亚霖主编.南洋大学史论集 [M].马来亚南洋大学校友会,2004.

⑩ [马]李业霖主编.南洋大学创办人陈六使言论集 [M].霹雳南洋大学校友会.2014.

三周年纪念特刊》[①]；2015 年林仲国、砂拉越南大校友会编《南洋大学砂拉越校友（1955—1980）人生点滴：犀鸟之乡——南大情》出版[②]；新加坡南洋大学毕业生协会为纪念南洋大学创办六十周年，出版的文献集——王如明主编的《南洋大学文献 南洋大学创办六十周年纪念 1955 年—2015 年》[③]；马来亚南洋大学校友会等编《纪念南洋大学创校 25 周年特刊》[④] 等。

在学界，由于南洋大学是海外华文高等教育的代表，一些学术研究，特别是华文教育研究涉及这所学校。2015 年马来西亚拉曼大学孙小惠撰写硕士学位论文《华文高等教育与中华文化传承》，该论文梳理南洋大学中文系的历史沿革，分析中文系毕业生的就业相关领域和做出的贡献，探讨华文教育如何对中华文化发挥的作用。[⑤] 还有，陈嘉庚国际学会学术小组编的《南大精神》[⑥] 论文集等。

南洋大学的发展过程中，一些著名学者、企业家、作家等共同见证了许多历史事件，在这些相关人物传记、自传、回忆录等有所涉

---

① 南洋大学毕业生协会. 南洋大学毕业生协会成立廿三周年纪念特刊 [M]. 新加坡：南洋大学毕业生协会,1987.

② ［新加坡］林仲国、砂拉越南大校友会. 南洋大学砂拉越校友（1955—1980）人生点滴：犀鸟之乡——南大情 [M]. 砂拉越南大校友会,2015.

③ ［新加坡］王如明主编. 南洋大学文献 南洋大学创办六十周年纪念 1955 年—2015 年 [M]. 新加坡南洋大学毕业生协会,2015.

④ ［马］傅孙中主编. 马来亚南洋大学校友会 吡叻南洋大学校友会 槟城南洋大学校友会等编. 纪念南洋大学创校 25 周年特刊 [M]. 吉隆坡：马来亚南洋大学校友会,1982.

⑤ 孙小惠. 华文高等教育与中华文化传承 [D]. 拉曼大学中华研究院.2015.4.

⑥ 陈嘉庚国际学会学术小组. 南大精神 [M]. 八方文化企业公司.2003.

及,例如:韩素音《吾宅双门》① 李光耀《新加坡双语之路》② 林太乙《林语堂传》③ 潘国驹《黄丽松在南大与港大》④ 钟志邦《从南大到北大》⑤ 等。

此外,还有胡兴荣《记忆南洋大学》⑥ 雷瀚编《南大春秋》⑦ 外文资料 *Social Engineering in Singapore: Education Policies and Social Change 1819-1972, H.W.William(1978)*⑧ 等,也有相关表述。

综上所述,南洋大学的相关著作中,以历史研究为准,"论"的部分相对薄弱。南洋大学的历史著作基本上以南洋大学 1956 年的《南洋大学创校史》等脉络与路径展开,缺乏深入的学术探讨和历史反思。笔者认为,应该参照多方话语,包括外文资料、人物传记、自传、回忆录、新闻报道等,丰富史料,借鉴史学的研究方法,多方考据,还可以开展"南洋大学校友"口述历史工程,增加历史史料的丰富性与多维视角。

因此,本研究将从纪录片、自传、传记、回忆录、新闻评论、口述历史出发,以南洋大学历史上不同人物为线索,运用知识考古的

① [英]韩素音著 陈德彰 林克美译,1991.韩素音自传:吾宅双门 [M].中国华侨出版社.1991.

② [新加坡]李光耀著.李光耀回忆录 我一生的挑战 新加坡双语之路 [M].南京:译林出版社,2013.

③ [新加坡]林太乙.林语堂传 [M].台北:台湾联经出版社,1989:268、269、272.

④ [新加坡]潘国驹主编.黄丽松在南大与港大 [M].新加坡:八方文化创作室.2016.

⑤ [新加坡]钟志邦.从南大到北大——讲不完的故事 [M].新加坡:玲子传媒.2017.

⑥ [新加坡]胡兴荣.记忆南洋大学 [M].广西师范大学出版社.2006.

⑦ [新加坡]雷瀚编.南大春秋 [M].新加坡:风下工作室.2008.

⑧ H.W.William. Social Engineering in Singapore: Education Policies and Social Change 1819-1972[J]. *Contemporary Southeast Asia*.1979:197-198.

研究方法，为南洋大学的历史研究提供新素材和新思路。

二、纪实影像与口述史中的"南洋大学"

（一）关于人物口述史与"南洋大学"

知识考古是著名的思想家米歇尔·福科《知识考古学》提出的一项分析方法。"知识"指的是"由某种话语实践按照其构成的并为某门学科的建立所不可或缺的成分整体……是一个陈述的并列和重塑的范围，概念在这个范围中产生、消失、被使用和转换"。①"考古"指的是"某一话语—对象的系统描述"。②南洋大学的历史书写、新闻报道、口述历史、人物传记等都是"话语形成"，符合福科对于"知识"的界定，故可以对"南洋大学"的历史进行知识考古。以下围绕与南洋大学历史密切相关的陈六使、李光耀、林语堂、相关学生等，展开对南洋大学的考古。

1. 陈六使

陈六使是陈嘉庚同乡，都来自于今厦门市集美区大社，受到陈嘉庚精神的深刻影响，陈六使热心教育事业，他们都为福建家乡与东南亚的教育做出了重大贡献，陈嘉庚在中国创办了厦门大学、集美大学等高等学府，陈六使在新加坡创立了南洋大学。至今，陈六使在南洋创办推动华文高等教育的壮举令后人钦佩，《南洋大学创办人

---

① ［法］米歇尔·福柯．知识考古学［M］．北京：生活·读书·新知三联书店，2007：203.

② ［法］米歇尔·福柯．知识考古学［M］．北京：生活·读书·新知三联书店，2007：154.

陈六使言论集》记载了陈六使生前的重要话语，后人对陈六使的爱戴可见一斑。

　　新加坡的华文教育假如没有陈嘉庚、陈六使，新加坡的华文教育根本就没有根。因为陈嘉庚最初创办了福建会馆属下的六所小学，再创办了华侨中学，到了四五十年代因为中国解放了，要回到中国升学不可能的，所以这批华文中学的毕业生（升学）没有出路，所以陈六使一出来号召的时候，新马几百万华人都支持他。

　　　　　　　　　　　　　　——新加坡怡和轩主席林清如 [①]

　　今天新加坡南洋理工大学人文与社会科学学院的中华语言文化中心一脉相承了南洋大学的精神，中心的研究者利时亮选择了陈六使作为研究对象，受到当时中心负责人李元瑾的支持。利时亮在书中对陈六使有如下表述：

　　没有了陈六使，可能就不会有南大，没有南大就不会有众多在工商业界、教育界和科学领域的杰出校友。……南大能够在1950年代落实办学的理念，就是靠着陈六使冒险、果敢和敢作敢为的精神。

　　书中较为客观地评价了陈六使对于南大的贡献与不足，他指出：

---

　　① 访谈出自纪录片《风雨侨歌——集美先贤之陈文确陈六使》，制片方位于厦门。

116

本著作必须正视陈六使在创建、执掌南大过程中的缺失和不足之处。陈六使对创办大学毫无经验，主要是凭借个人在商业上的经验运用于其中。这种"陈六使式"的办学理念，最大的优点是结合他开创企业的特有精神，带领南大冲过重重障碍，使南大在短时间内建立起来，解决了高中生升学无门的困境。……但是往往缺乏周详的部署和长远的规划，导致南大在发展上陷入"先天不足，后天失调"的窘境之中。

——《陈六使与南洋大学》结语①

然而，李光耀对陈六使颇有微词，而陈六使被褫夺公民权，在各类记载中，也知与其支持林清祥等政治势力有关，一名商人是否就应该专注自己的本行与公益事业，不应该参与政治？在当时复杂的政治背景下，作为一名颇有社会影响力的华人领袖，如果没有政治势力强有力支持，可能南洋大学等也无法得到持续的政策支撑，处于这种政治环境下的陈六使所做出的参与政治的决定，也是不得已之举。事实证明，南洋大学几经"整改"，最后不得不面临被撤并的事实。

2. 李光耀

在凤凰卫视纪录片当中，有李光耀对华文学校立场鲜明的演讲：

他们说我们要消灭华文教育，不承认南洋大学，不帮助南洋大

---

① ［新加坡］利亮时．陈六使与南洋大学[M]．新加坡：南洋理工大学中华语言文化中心、八方文化创作室，2012（10）：204-205.

学，我们的态度是公平的，要确保受英文教育、受华文教育、马来文教育的人都是平等的。没人相信，说小弟我要消灭华文教育，小弟我每天都学习华文，三个孩子都读一个学校（华校），胡讲什么。

——凤凰卫视纪录片《李光耀逝世三十周年特辑》[①]

李光耀的个人自传集的《新加坡回忆录之双语之路》中第三章《南洋大学兴与败的启示 1956—1980 年》中，详细记载了南洋大学始末与他的看法。

李光耀提出，新加坡在被迫独立时，所处的时代背景与地缘政治环境复杂，为了生存，采取了各种政策寻求发展。

当时正值冷战高峰期，英国和美国是控制本区域的主要势力。……50 年代的情况和现在不一样，当时英国仍是强大的国家，有大军驻扎在东南亚。印马对抗，英国人有办法保护马来西亚。所以，英、美势力会悄悄进行破坏……他用马来亚政府来压抑南大。

本区域（东南亚）新兴国家的政府皆对中国怀有戒心。马来西亚独立后排华，印度尼西亚和泰国也排华。因此，一所……宣扬华族文化、华族语文的大学，一开始便招惹东南亚各国怀疑。

——李光耀《李光耀回忆录 我一生的挑战 新加坡双语之路》[②]

[①]　凤凰卫视纪录片《李光耀逝世三十周年特辑》第四集《涣然冰释：新加坡与中国》时间轴 2:52—3:25 的 1963 年 9 月 19 日李光耀在人民行动党竞选群众大会上讲话（闽南语）原字幕有谬误，已修正。

[②]　[新加坡]李光耀.李光耀回忆录 我一生的挑战 新加坡双语之路 [M].南京：译林出版社，2013（11）：52-53.

在复杂的国内外环境下，一个以华族为主要族群的国家为了寻求发展，就得以国家利益为最高利益，李光耀带领的人民行动党执行了一系列的政策，其中就包括族群政策和语言政策。

1954 年人民行动党立党，就以一个要促使新加坡多种族融合为一体的政党来定位。① 新加坡在 1965 年独立时，我们采用英文为行政用语，为了寻求对外发展。②

由上可知，一所华文大学的建立，从一开始就卷入了二战后波谲云诡的复杂环境中，受到东南亚各国"排华"浪潮、西方殖民者残留殖民势力，东西方阵营对抗等复杂因素的影响。

他还从一位领导人的视角，阐述了当时各方面势力的斡旋和作为一位领导人的平衡。新加坡尽管华族占据多数人口，但是多族群之间的关系仍然复杂，华文媒体的受众不了解其他族群的言论，而作为一名领导人，则需要权衡多方利益。

我们于 3 月 12 日的《行动报》社论中，同时对《南大学生会声明》及《时代先锋报》社论进行反驳。我们指出，一部分人民对另外一部分人民的思想感情茫然无知，除非我们及早弥合不同语言群

---

① ［新加坡］李光耀. 李光耀回忆录 我一生的挑战 新加坡双语之路 [M]. 南京：译林出版社，2013（11）：51.

② ［新加坡］李光耀. 李光耀回忆录 我一生的挑战 新加坡双语之路 [M]. 南京：译林出版社，2013（11）：54.

体间的鸿沟，否则双方很可能分道扬镳，各走各的方向，结果危害了国家的整体利益。

——李光耀《李光耀回忆录 我一生的挑战 新加坡双语之路》①

笔者认为，李光耀带领新加坡从被迫独立时的孤立无助，到如今跻身世界发达国家前列，从这方面看，他是一位成功的政治家，推行的政策证明是有效的，其中就包括一系列的语言政策。

李光耀先生所制定的语言政策，让所有的新加坡人都能在掌握了国际语言英语的同时，也学习自己的母语（华文）。对于由多元文化、语言、宗教的族群组成的新加坡社会而言至关重要，新加坡因为地小人挤，不同族群容易产生摩擦，甚至引起严重冲突。……但若只是学习英语，各族的语言和文化传统就会流失，为了保留母族的认同感与传承母族的文化，双语政策成了新加坡不可动摇的立国之本。

——《学者谈李光耀》蔡志礼《勤学苦练，永不言倦——缅怀国父李光耀》②

从"讲英语"到"讲华语"，虽然现今新加坡年轻一代华裔讲华文的水平较差，但是事实证明语言政策帮助了新加坡更好地对外寻求

---

① ［新加坡］李光耀.李光耀回忆录 我一生的挑战 新加坡双语之路 [M].南京：译林出版社,2013（11）：62.

② 杨振宁、余英时、王赓武.学者谈李光耀 [M].新加坡：八方文化创作室.2015：40-41.蔡志礼系美国波士顿大学管理学院黄世伟全球经济道德学院高级顾问。

发展，促进经济腾飞。作为一名政治家，李光耀不乏攻击陈六使"把孩子送去英校"①"陈六使承诺捐出500万元，却还拖欠250万元"②等话语，以及为己方辩护的语言"我们逐步兑现在1959年竞选期间提出会为南大学生设立奖学金的诺言"③"1967年，已经有约800名南大毕业生在教育部服务，另外200名在政府其他机关服务"。④但是判断一个人的政策，还是应该从宏观上把握。

针对李光耀的言论，有不少驳斥的声音，例如："李光耀的历史地位，在政治上也许是褒多于贬；但在华教这一块，至少到今天为止，还是非常负面的。"⑤还有，"事实证明，李光耀至今仍对华教和南大充满了偏见。新加坡内阁资政李光耀早前接受《国家地理》杂志访问时表示，他后悔没有早点关闭南洋大学。"⑥"与陈六使相反的，是李光耀一方面捍卫华教（将孩子们送到华校），另一方面却将南大给关闭了，也是言行不一致啊！"⑦

面对这些驳斥，李光耀的华文老师周清海对此有如下看法：

---

① ［新加坡］李光耀. 李光耀回忆录 我一生的挑战 新加坡双语之路 [M]. 南京：译林出版社，2013（11）：52.

② ［新加坡］李光耀. 李光耀回忆录 我一生的挑战 新加坡双语之路 [M]. 南京：译林出版社，2013（11）：67.

③ ［新加坡］李光耀. 李光耀回忆录 我一生的挑战 新加坡双语之路 [M]. 南京：译林出版社，2013（11）：67.

④ ［新加坡］李光耀. 李光耀回忆录 我一生的挑战 新加坡双语之路 [M]. 南京：译林出版社，2013（11）：68.

⑤ 林明华. 李光耀和陈六使.（马来西亚）星洲日报副刊《云淡风轻》[N]，2011-11-30.

⑥ 林明华. 李光耀与南大.（马来西亚）星洲日报副刊《云淡风轻》[N]，2010-1-3.

⑦ 李永球. 陈六使与李光耀.（马来西亚）星洲日报副刊《田野行脚》[N]，2012-6-10.

持这种观点的人（原文引用了上一段第一条观点），都是纯华校出身的，和我同一个时代的人，尤其是马来西亚的华校生。但我认为这样的批评，是不全面的，是不公允的，也是偏激的、夸大其词的。……而就读于英校的，必须修读华文。在双语教育政策下，年轻的新加坡人，都或多或少掌握了双语，也造就了今天华语的普及。

——《学者谈李光耀》周清海《李光耀先生与华文教学》①

这其中不免要经历阵痛，南洋大学曾经在创办时万人空巷，是南洋华人的情怀寄托，华校在李光耀在位时期关停，至今南大校友对他颇有微词，看待李光耀对待华校的政策，不应该孤立地看待问题，从实用主义的角度讲，撤并南大也许合理，但不合情。

3. 林语堂

林语堂在南洋大学校史上是最有争议的人物，曾经其在西方和东南亚媒体中对南洋大学多有指责，甚至在美国的《生活日报》发表系列文章，斥责"共产主义"。关于双方争执，笔者选取事件亲历者与后世学者的相关研究，力图更加全面反映这一历史人物与事件。

《南洋大学创校史》当中，"第十章　林语堂受聘来星""第十五章　林语堂顺从公意办进修班""第十七章　斩钉截铁限期解决问题林语堂态度引起公愤""第十八章　林语堂不惜糟蹋自己"等多章有关于林语堂的描述。其标题显示的态度非常明显。

① 杨振宁、余英时、王赓武.学者谈李光耀[M].新加坡：八方文化创作室,2015:226.
周清海系新加坡著名语言学家，前南洋理工大学中华语言文化中心主任。

　　著名英籍华人女作家韩素英曾经参与南洋大学创办，她在自传中写到了与陈六使、林语堂等的相处经历。

　　由于支持南洋大学，我接到了新加坡福建会馆的邀请。闻名的陈六使从一个内间出来欢迎我。他穿着很平常……新加坡普通的工人都是这么打扮的。他光脚穿的凉鞋可以花一块钱从小胡同买到。他掌握着很大的权力，可是十分诚实。

　　……

　　他（林语堂）把大学说成是个悠闲的地方，有时间可以抽抽烟斗，翻翻书包杂志。这可激怒了那些饿着肚子一星期捐献三天收入的人力车夫们……福建会馆感到担忧，于是召开了会议。他们闷闷不乐地思忖着林语堂不断送来的账单……1955年初林语堂和他家里人收到了陈六使亲自私下送来的一大笔赔偿费，回美国去了。

　　　　　　　　　　　　　　　　　　——韩素英《吾宅双门》①

　　在林语堂赴任南洋大学之前，在其著作还透露出对南洋大学赴任这一事实，然而卸任南洋大学校长后，除了在报刊当中发表几篇抨击南洋大学的文章，在其今后的著作中对此事只字不提。

　　林语堂的女儿林太乙曾经写过《林语堂传》，在"第二十章　南洋大学"把他就任南洋大学的过程进行了详细表述。

---

①　[新加坡]韩素音，陈德彰，林克美译，韩素音自传：吾宅双门[M].中国华侨出版社,1991：101、104、105.

李光前和他的伙伴，包括几位南大的校董，在幕后极力游说陈六使和其他几位重要的校董，要他们参加反对父亲，于是，南大校董对父亲表示冷淡的越来越多。捐给南大的款项也越来越少，因为商人知道情形不同了。捐款给南大不再是时髦的事了。到了年底，收到捐款只有一百三十万美元，不是预期的三百三十万美元……

——林太乙《林语堂传》[①]

由此可见，林语堂在南洋大学赴任与卸任，此间双方的关系产生了许多微妙的关系，最为重要的是林语堂等家人对"南洋大学的校董会存在资金没有到账，与预期书信不符的情况"不满。

此外，还有前南大秘书长潘受口述、郑奋兴教授口述、张曦娜执笔的《南大创建时的林语堂事件》[②]等，都对林语堂与南洋大学纠纷事件做了一些补充。

《成长在李光耀时代》作者李慧敏作为新加坡广东客家第三代华裔，出生于1965年新加坡独立后，对李光耀的治国模式以平民的视角进行观察与思考，对林语堂先生与南洋大学有一定探讨。

双方各执一词，也可能是因为沟通不良所致，因此在办校理念上有分歧和误会也不是不可能的事。又或许林语堂对当时南洋华人的处境不甚了解，更说不上有深厚的感情，因此无法深刻体会人们对

---

① 林太乙.林语堂传 [M].台北：台湾联经出版社，1989:268、269、272.

② ［马］李业霖编.南洋大学走过的历史道路 [M].吉隆坡：马来亚南洋大学校友会,2002:41-45.

这所大学所寄予的期望。

——李慧敏《成长在李光耀时代》①

2004 年在新加坡在南洋理工大学中华语言文化中心举办的"国家疆界与文化图像"国际会议上，新加坡东南亚研究院研究员何启良博士做了报告，他翻阅 20 世纪 50 年代的报纸，发现林语堂在报章上的文字未被收入南大校史，认为林语堂被"千夫所指"有失公允。

如果林语堂到新加坡后的生活条件像一般论述里所说的高人一等，那也是南大执委会对他的礼遇。难道林语堂被聘用为南大校长，真的如陈六使 1954 年 2 月 17 日在回林氏信中所说，是聘请一位"蜚声国际领袖士林之先知先觉大哲大贤"，又是新马华人"窹寐以求"的大师、故不惜一切代价？从现在的资料里我们看不出真正的原因。或许在那个国家意识薄弱的年代，"海外华人"都是"一家人"！但是，既然南大执委会事先已经同意"合家聘用"，事后反目也就不好反咬林语堂一口了。

——何启良《南洋大学史上的林语堂》②

① ［新加坡］李慧敏. 成长在李光耀时代 [M]. 新加坡：玲子传媒，2014（4）：107.

② 原载于国家疆界与文化图像国际学术会议 华文在新加坡依然富有生命力 [N]. 新加坡联合早报.2004.6.26（9）. 转引潘星华. 学者为林语堂平反 [EB/OL] 联合早报 2004-06-26. 2020-05-27. 原载于国家疆界与文化图像国际学术会议 华文在新加坡依然富有生命力 [N]. 新加坡联合早报.2004-6-26（9）. 转引潘星华. 学者为林语堂平反 [EB/OL].2004-06-26/2020-05-27. 以及李慧敏. 成长在李光耀时代. 新加坡：玲子传媒.2014：107.李慧敏. 成长在李光耀时代 [M]. 新加坡：玲子传媒，2014(4).第 107 页亦有提及。

费孝通《乡土中国》中认为："在西洋社会里……他们不能不把国家弄成个为每个分子谋利益的机构，于是他们有革命、有宪法、有法律、有国会等。在中国……差序格局中，社会关系是逐渐从一个人一个人推出去的，是私人联系的增加，社会范围是一根根私人联系所构成的网络。"①西方按照契约办事，中国传统观念是人情至上。而双方矛盾的根源在于林语堂与陈六使等拥有不同成长背景、不同思维习惯、不同行为方式的这两类人无法在一起共事，如果说林语堂存在个人过错，那么南洋大学创始人等也存在用人失察的问题。

（二）学生遭遇

根据李光耀的表述，学生的就业适应面窄，生源质量逐渐变差是合并原因。然而根据统计，南洋大学的前八届（即 1960 年至 1967 年，政府在 1968 年才承认南洋大学学位）的 3325 名毕业生中，就有 414 位（12.6%）在国外著名大学取得高级学位，即 210 人获得博士学位，204 人获硕士学位，其中超过 80% 在世界各地的学生受聘为教学人员或研究人员。②

在新加坡导演邓宝翠的《我们唱着的歌》中，较为详细地讲述了新加坡新谣运动的始末，其中新加坡的南洋大学被撤并，以及新加

---

① 费孝通 . 乡土中国 [M]. 北京：北京出版社，2005:39-40.

② 郑奋兴 . 郑奋兴讲南大故事 [M]. 新加坡：南洋理工大学中华语言文化中心、八方文化创作室，2011:13. 其引用了王慷鼎博士的研究成果。转引自李元瑾序，陈六使：郑奋兴 . 郑奋兴讲南大故事 [M]. 新加坡：南洋理工大学中华语言文化中心、八方文化创作室，2011:13. 郑博士应用了王慷鼎博士的研究成果。转引自李元瑾 . 陈六使：一生荣辱系于南大 [A]. 见利亮时 . 陈六使与南洋大学 [M]. 新加坡：南洋理工大学中华语言文化中心、八方文化创作室，2012：XI. 引自利亮时《陈六史与南洋大学》。

坡开展的几次语言运动，也是纪录片涉及的话题。

在李光耀的自传中，提及一个人物，"南大学生会主席何元泰唆使学生拒绝使用英文，在考卷上用华文作答。毕业后，他以工人党候选人的身份参加了 1976 年的大选。竞选时，他指责政府摧毁华文教育，大选后，为了避免自己因为发表种族煽动性言论被捕，他逃往英国"。[①]

关于左翼学生、共产党等在新加坡政治上遭遇驱逐的异见人士，在陈彬彬拍摄的纪录片《星国恋》当中也有所涉及，该片至今新加坡政府禁止播放。这些异见人士至今禁止返回新加坡。何元泰在英国接受采访，他说：我不知道为什么新加坡要把我们与国家脱离，我们有如此强的国家归属感。[②]

在李光耀回忆录中，说南洋大学关停的原因之一是"南大学生素质的滑落"[③]。对此，曾经的南大学子，后任北京大学客座教授的钟志邦《从南大到北大》从自身的角度描述了对学校关停的看法。

在过去的几份报告书中，老南大的学术水平和师资等都是其中的重要问题。……就我自己在校的 1960 年代初而言，南大的学术水平

---

① ［新加坡］李光耀. 李光耀回忆录 我一生的挑战 新加坡双语之路 [M].南京：译林出版社,2013：70.

② 陈彬彬导演.纪录片星国恋.17 分 22 秒，40 分 20 秒—40 分 30 秒.白云泰英语原文："Don't know why Singapore has to isolate people like myself who have such a strong sense of belonging."

③ ［新加坡］李光耀. 李光耀回忆录 我一生的挑战 新加坡双语之路 [M].南京：译林出版社,2013：69.

和师资果真那么差吗？……我的成绩，用中国大陆的口语来说是"非常一般"的。可是，像我这样"非常一般"的南大校友，竟然也能在毕业后几年，到几间"还算是可以"的英美学校（伦敦、爱伯丁、牛津、哈佛）深造……我这个例子应该还是有一点普遍性的意义。①

失去自由 32 年的谢太宝于 1966 年因反政府罪名而被拘捕，被监禁了 23 年，在 1989 年获释，随即被软禁在圣淘沙岛 9 年，直到1998 年他所遭受的一切禁制取消为止，谢太宝在获得林连玉基金时发表获奖感言，饱含对南洋大学的深情。

今天，南大虽已不复存在，但是它却永远活在人们的心中。南大精神的种子，已撒遍全东南亚……它将永远鼓舞着大家，不畏艰难，奋勇前进。

——谢太宝获得林连玉基金得奖感言②

南洋大学的校友会至今在网络媒体上，通过制作图片集、展示校友会录像等方式表达对学校的思念。对于南洋大学的历史，至今留存在南洋大学学子的心中。也许，通过口述历史的方式，可以更好

① ［新加坡］钟志邦 . 从南大到北大——讲不完的故事 [M]. 新加坡：玲子传媒，2017：85-86.

② 谢太宝 .2011 林连玉基金得奖感言 [DB/OL]. 林连玉基金官网 . 2021-2-28/2021-2-8.

又见谢太宝 . 林连玉基金得奖感言 .[DB/OL].https://www.youtube.com/watch?v=D_h6iylfpVA.2011-12-21/2021-2-8.

地还原这段历史，这些"活人历史"亟待记录。

三、媒体记录与影像传播

新加坡南洋大学辉煌的几十年在新加坡一代华人心中留下不可磨灭的印记，然而长期以来这段历史却为新加坡媒体所忌讳。直至2015年才有传播较广的纪录片开始提及。《我们唱着的歌》的主题是新谣。影片开头交代了南大诗乐，这段历史背后是南洋大学面临关停最后三年的历史。《我们唱着的歌》全片无解说，影片用新闻画面、人物访谈等话语取代解说，起到解释、说明、交代细节、衔接画面等作用的。其中，在描述南洋大学关停这段历史时，运用了新闻片。

1980年，南洋大学8月份举行的第21届毕业典礼，宣告了南大时代的终结。感伤气氛回荡，毕业生演说时，字字句句充满对云南园的自豪与不舍。①

邓宝翠的另外一部纪录片《从维多利亚街道到宏茂桥》讲述了她的母校圣尼各拉女校发展的历史，在拍摄《我们唱着的歌》时，她发现自己的前校长和老师们竟然是南大的校友，"突然我明白了为什么校长与老师们会那么有个性地去办他们的教育⋯⋯虽然华校已不存在，但我想我在他们身上感受到华校的传统与精神。"②

---

① 新闻报道。引自纪录片《我们唱着的歌》15:05—15:40。南洋大学新闻报道，原报道是英文。

② 许通元、邓宝翠.从孤独之旅、怀旧之恋到新谣的旅程——邓宝翠专访[J].蕉风，2016(510):28-37.

长期以来，南洋大学是一代人，特别是华校生的集体记忆，然而由于题材敏感，许多影片不敢直面。邓宝翠《我们唱着的歌》获得了较广泛的关注，该片涉及新谣、华文教育等，到 2020 年，梁智强《我们的故事之沉默年代》再次触及这个话题。

新加坡华语影视作品探讨华语传播问题可以追溯到 2002 年梁智强的《小孩不笨》，该影片就涉及华文教育问题，泰瑞从小认台湾人作干妈，就是想学好华语，国宾功课差，母亲帮忙辅导功课，说："华语差成这样。"长久以来，新加坡华语影片中，几乎都有对于华语教育的探讨，《热带雨》的女教师阿玲作为一位华语教师在学校的处境，就像华语课在中学教育的地位一样尴尬。

新加坡最后一所以华文为第一语文的华校于 1986 年关闭①。如今新加坡的华语教育仅限于特选学校。特选学校是新加坡 1979 年特别辅助计划（Special Assistance Plan；简称 SAP）选取的学校，小学有 15 所，中学有 11 所，为培养学生的双语能力而设置的教育课程，因为这些课程由政府指定学校推行，所以称为"特选学校"，曾经的华校或者面临关停，或者转型成"特选学校"。邓宝翠的《从维多利亚街到宏茂桥》讲述的是圣尼各拉女校的历史，这所华校曾经有过一段华校生得不到政府更多支持，艰难办学的历史，这所学校如今是特选学校。短片《我们的校歌》是公教中学位纪念成立 50 周年拍

---

① ［新加坡］李光耀.李光耀回忆录 我一生的挑战 新加坡双语之路 [M].南京：译林出版社，2013：45.

摄的，影片中多位杰出校友用华语同唱一首歌，其中就包括新加坡现任总理李显龙。纪录片《兰蕙百年》（*Once Upon a Generation*）为纪念南洋三校成立一百周年，记录了南洋幼稚园、南洋小学、南洋女子中学等的发展历史，影片的手法与《从维多利亚街到宏茂桥》类似，是纪录片与剧情片交织的形式呈现的。

新加坡南洋大学在 2015 年以后开始提及，2020 年在大银幕上呈现，随着舆论的放宽与政府对华文教育的重视，今后南洋大学这段历史的视听传播作品，会越来越多，表现形式也会更加多样化。

小结

李光耀曾经对南洋大学这样论述"南洋大学一开始就注定失败，因为它与历史洪流背道而驰。而在东南亚的政治土壤中栽培中国的果树，既无法在新加坡成长，也不可能在东南亚任何国家容身。南大从一开始就注定失败"。[①]

南洋大学是东南亚的第一所华文大学，从历史的长河中，也许它一开始就注定失败，因为它与历史洪流背道而驰。从客观上，华文学校的建立与发展受到二战以后东南亚多方政治势力的影响、政党的更迭、道路的选择等。事实上，李光耀领导的新加坡走上了独立自主、自力更生的发展之道，但是在此间也牺牲了不少，笔者认为，南洋学校的归并实在可惜。如果真如多方报告所说的那样，南洋大

---

① ［新加坡］李光耀. 李光耀回忆录 我一生的挑战 新加坡双语之路 [M]. 南京：译林出版社，2013.11:51.

学是因为发展后继无力，也是因为受到了多方的影响和打压造成的，比如，陈六使被褫夺公民权、南大毕业生参政部分受到排挤打压等，多方因素当中，主观因素肯定影响了南洋大学的发展与走向。

南洋大学孕育了南大诗社，许多知名华文报刊报人从南洋大学毕业，而新谣的萌芽受到了南大诗社成员的支持。南大诗乐的作曲人张泛支持了新谣唱片的制作。

虽然南洋大学已经成为一代人的情愫，但是它的毕业生传承了南洋大学的精神，一代人终将退出历史舞台，然而历史记录、文字书写、影像传播可以延续这段光辉的历史，使得这所学校得以延续新的生命。

第二节　新谣的发展与华语视听觉传播

新谣是 20 世纪 80 年代新加坡年轻人，主要是华裔年轻人所创作的华语歌曲，是新加坡一代人的集体记忆，是中华文化在东南亚传播、落地生根的重要代表。新谣与新华文学、新加坡华乐团等一道，是新加坡华人族群起源于中华文化又区别于文化母国，独特的文化符号。新谣萌芽之初，广播、电视等是新谣的重要推手，近年来新谣作为一个重要母题，在新加坡文学作品、电视剧、电影等跨媒介传播。海外学界对新谣有一定研究，中国台湾也有相应研究，然而，中国大陆对于新谣的研究至今仍然是空白。本书探讨新谣的发展历程与视听觉传播，从艺术审美的角度对新谣以及以新谣为母题的媒介作品进行论述，同时探讨新加坡华人在与以族裔语言为媒介的文化现象互动中的身份认同与文化认同。

一、新谣的定义

1982 年 9 月 4 日下午，在新加坡《南洋商报》礼堂举办了一场名为"我们唱着的歌"座谈会。与会者包括新加坡水草合唱小组成员许环良、合风小组成员颜黎明、鱼尾狮歌谣小组成员刘文忠、国家初级学院学生汤玲玲、南洋学生通讯员陈健良等，由《南洋商报》黄成财主持的召开。[①] 该座谈会在会议中提及了"台湾年轻人创作属于自己的歌曲"受到了美国民歌复兴运动精神的影响，而他们（新谣的创作者）也受到了台湾民谣的影响，"创作歌曲的都是年轻人"。该座谈会还确定了用"新谣"来命名我们的歌，即新加坡年轻人自创歌谣[②]。

台湾地区颜如艳的硕士论文在分析了新谣活动发展历程以及新谣是否有族裔界限等问题后，提出新谣是 1980—1990 年之间的新加坡华裔年轻人所创作的华语歌曲[③]。

新加坡学者梁莉莉指出新加坡新谣是用华语演唱的年轻人音

---

① 乔克岑.弹弹新谣·谈谈新谣［N］.南洋商报，1982-9-11（41）.
② 乔克岑.弹弹新谣·谈谈新谣［N］.南洋商报，1982-9-13（33）.
③ 颜如艳."新加坡派"的文化纠结——梁文福词曲作品中的认同与杂糅［D］.台北：成功大学艺术研究所学位论文，2011.

乐。^① 尽管在梁文福等新谣参与者相关论述^②中，没有明确在概念中强调用华语演唱，可能蕴含着新加坡年轻人在彼时的华裔在面临华校被关停，以及"一国人民，一个国家，一个新加坡"（One People，One Nation，One Singapore）^③ 政治正确的价值取向当中，所有的斟酌与权衡。但是事实上，新加坡新谣的主要用语是华语。梁莉莉还提到了新谣的旋律简单、乐器也不复杂，以及新谣主题可以分为三个部分：童年的怀念、青年的关切以及社会的评论。

---

① I will do so by focusing on xinyao, a particular form of Mandarin music in Singapore. Xinyao texts are bound by various commonalities which distinguish xinyao as music of youths. One of the common characteristics is xinyao's musical style .As I indicated above, early xinyao is characterized by simple melodies, relying on guitars rather than elaborate instrumentation. Apart from this distinctive style, the lyrical content of xinyao also effectively acts as both medium and outcome of youth identity. Three main elements characterize xinyao lyrics: nostalgia for childhood; youth concerns; and social commentaries. 参 见 Kong L., 1996a: Making 'music at the margins'? A social and cultural analysis of xinyao in Singapore［J］. *Asian Studies Review*. 1996(19): 99–124.

See Also，one of the pioneers of the xinyao movement expressed, "The true spirit of xinyao is to reflect the feelings of youth and growing up" (The Straits Times, 4 July 1985) Many did not have any prior musical training. Their compositions thus generally consisted of simple melody lines using basic chords, and particularly in the early stages of xinyao development, it would not be uncommon to find that "two guitars at most provided the rhythm" (The Straits Times, 22 December 1985)

② 见梁文福的相关著作以及电视专题片《新谣的回顾与思考——新加坡音乐人系列采访》（起飞网络篇）、《我们唱着的歌》对新谣参与者的访谈等。

③ 有报道把 One People 翻译成一个民族，参见：陈秋华.爱国歌曲吹"怀旧风"［N］.联合早报.2012-7-21.笔者结合新加坡的政策导向，认为并不准确，翻译成一国人民符合新加坡推行的"民族国家"理念。参见：联合早报.社论：坚定不移打造国族认同进程[N].2019-7-18."我们并不是，或者说还不是一个民族国家。因为，中国独立时并不存在一个新加坡民族，我们的人口主要是由华族、马来族、印度族和欧亚族等不同族群组成……"

1985 年起，新加坡新谣节每年举办一次，一直到 1990 年，共办了 6 次。新谣节在 2003 年、2005 年复办，2010 年初，改为新谣再飞歌唱比赛，有学者和部分新谣参与人认为新谣存在于特定的年代，现在保留的是新谣的精神。

《格鲁弗音乐词典》(*The New Grove Dictionary of Music and Musicians*) 把新谣解释为 20 世纪 80 年代初期，新加坡年轻人以吉他伴唱的华语歌曲[1]。

综上，新谣公认的定义便是，1980 年初起，新加坡年轻人自发的以简单乐器伴唱的华语歌曲。至于 20 世纪 90 年代是否是新谣的结束的年份，还未有定论，但是普遍认为以 1990 年新谣节停办为标志，新谣已经式微了。

二、新谣的相关研究

新谣的学术文献资料非常少，与当时的社会关切与其在华语音乐中的地位极不相称。

任职于新加坡国立大学（NUS）后调至新加坡管理大学（SMU）任教务长，后于 2019 年升至新加坡管理大学（SMU）校长的江莉莉 (Lily Kong) 教授，曾经撰写 *Vanishing Borders? Global-Local Intersections in the Production of Music in Singapore*[2]、*Making 'music at*

---

[1] Sadie, Stanley and John Tyrell eds., *The New Grove Dictionary of Music and Musicians*［M］.London: Macmillan, 2001:421-423.

[2] Lily Kong. "Vanishing Borders? Global-Local Intersections in the Production of Music in Singapore"［J］.*Aisa Pacific Viewpoint*, 1997,38 (1) : 19-36.

*the margins'? A social and cultural analysis of xinyao in Singapore*①
等相关文章。新加坡国立大学（NUS）中文系徐兰君《唱自己的歌：
声音的跨界旅行和文化的青春互动——浅谈新谣与台湾现代民歌运
动之间的关系》②发表于台湾《东华汉学》学术期刊，新加坡南洋教
育学院的两位副教授 Dairianathan Eugene 和 Chia Wei Khuan 撰写有
Shuo Chang（说唱）: *Giving voice to and through Xinyao*（新谣）, *a
musical practice in Singapore*③。其中，Dr. Eugene Dairianathan 撰写
有 *Shuo Chang: The Essence of the Songs of Liang Wern Fook* 收录于
《写一首歌给你：梁文福词曲选集》中。此外，还有论文集收录的论
文《新谣：文化的定位》④《新谣旧事话从头？》⑤等。

新加坡学生的学位论文有：新加坡理工大学（SIT）陈伟萍《新
谣与新加坡人的身份认同》⑥，新加坡南洋理工大学（NTU）黄思

---

①　Kong L. Making 'music at the margins'？A social and cultural analysis of xinyao in Singapore［J］.*Asian Studies Review*, 1996,19(3): 99–124.

②　徐兰君. 唱自己的歌：声音的跨界旅行和文化的青春互动－浅谈新谣与台湾现代民歌运动之间的关系［J］. 东华汉学，2015(21)，201-229.

③　Dairianathan, E., & Chia, W. K. (2010). Shuo Chang（说唱）: Giving voice to and through Xinyao（新谣）, a musical practice in Singapore［J］*Journal of Multi-Disciplinary Research in the Arts*, 2(1).

④　戴有均，蔡慧琨. 新谣：文化的定位 [A]. 见：[新加坡] 柯思仁，宋耕. 超越疆界 全球化·现代化·本土文化 [M]. 新加坡：南洋理工大学中华语言文化中心；八方文化创作室，2007：147-162.

⑤　陈秋华. 新谣旧事话从头 [A]. 见：[新加坡] 庄永康编. 新加坡华社研究 [M]. 新加坡：BPL（新加坡）教育出版社，2002.06:117-123.

⑥　陈伟萍：新谣与新加坡人的身份认同 [D]. 新加坡：南洋理工大学国立教育学院学士论文，2003.

怡《新谣起源的历史研究》①，新加坡音频工程学院（SAE）Florence Chua*Singaporean singers in the Chinese pop music business*②等。

书籍方面，梁文福编著有《新谣：我们的歌在这里》③，此外，还有《写一首歌给你》④。作为新谣代表人物之一，梁文福在大学有教职，是南洋理工大学中文系的兼职副教授，除了出版多部文学作品，还编著了相关书籍，这也是目前为止唯一两部从内部视角观察新谣而编写的著作。2017年，由《我们唱着的歌》纪录片导演邓宝翠主编的书籍《我们唱着的歌》出版⑤，该书是新谣相关人物的访谈录。

在中国台湾，仅有台湾成功大学艺术研究所颜如艳、杨金峰《梁文福歌词作品中的文化情结与新加坡社会现象》⑥，其中，颜如艳系台湾成功大学艺术研究所的研究生，其学位论文为《"新加坡派"的文化纠结——梁文福词曲作品中的认同与杂糅》⑦。

在中国大陆，新谣的研究目前是空白。

---

① 黄思怡.新谣起源的历史研究［D］.新加坡：新加坡南洋理工大学人文学院博士学位论文，2009.

② Florence Chua, *Singaporean singers in the Chinese pop music business*,［D］. Singapore: Sae Institute Singapore Diploma In Audio Engineering Final Thesis, 2004.

③ 梁文福主编.新谣：我们的歌在这里［M］.新加坡：新加坡词曲版权协会，2004.11.

④ 梁文福.韩劳达.写一首歌给你：梁文福词曲选集［M］.新加坡：八方文化创作室.2004.5.

⑤ 邓宝翠主编.我们唱着的歌［M］.新加坡：新加坡福建会馆，National Hertage Board, 2019.

⑥ 颜如艳、杨金峯.梁文福歌词作品中的文化情结与新加坡社会现象［J］.台湾东南亚学刊，2009，6（2）：43-76.

⑦ 颜如艳."新加坡派"的文化纠结——梁文福词曲作品中的认同与杂糅［D］.台北：成功大学艺术研究所学位论文，2011.

综上所述，新加坡新谣在学界的研究与其社会影响力并不相匹配，至今，新加坡新谣代表人物许环良、黄元成、吴剑峰、许南盛、张家强创建的海蝶音乐制作公司是华语音乐界举足轻重的代表，旗下的陈洁仪、林俊杰、阿杜、金莎等歌手名噪一时。而新谣代表人物之一，以《邂逅》一曲频频登陆电台音乐龙虎榜的巫启贤至今活跃在银幕上，梁文福在新加坡有相当号召力，创办的音乐剧、演唱会受到新加坡民众热捧，还有新加坡音乐人李偲菘、李伟菘兄弟[①]，都是当今华语圈重磅的音乐人，然而，新加坡青少年对于其过往经历的"新谣"却非常陌生。

分析学界研究缺位的原因，可以从以下几点分析：

20 世纪 80 年代初，历经"十年浩劫"后中国大陆正值改革开放初期，当时许多脍炙人口的台湾民谣传入大陆，但是这种带有南洋风的华语音乐，还未在中国大陆广泛流传。虽然新谣深受到中国台湾地区民谣的影响，台湾民谣也受到新谣的反向输入，例如，1984年台湾知名媒体人和音乐人潘安邦发行的专辑《画歌吟》中，收录了《故乡的老酒》《风城》等四首新谣，但总体来说新谣对于台湾的影响不大，因为二者所处的发展时期不同。台湾音乐在 20 世纪 70

---

① 1984年还是学生的李偲菘、李伟菘曾经参与新加坡广播局电视剧《雾锁南洋》的音乐制作，1984—1987 年间给多部影视剧作曲，后赴台湾发展。对于二人是否属于新谣人物，还有争议，因其音乐是配合戏剧需要而谱写的，不像其他新谣作品是基于个人感受的抒发。在梁文福作词曲、演唱的《新谣历史外传》当中有一句歌词"偲菘和伟菘当初不写歌，我们的燕姿妹妹作何打算"。以及梁文福作词曲的《童谣 1987》官方完整版 MV 把李伟菘的童年照收录其中，又见南都娱乐周刊对李偲菘、李伟菘的访谈《李偲菘、李伟菘：我们打开了新加坡音乐之门》相关叙述，转引新加坡文献馆。又因"新谣"最初的定义为新加坡年轻人自创歌谣，故可以把二人归为新谣人物。

年代经历了台湾校园民歌时代，到八九十年代开始进入了流行音乐产业起飞阶段。1985 年，台湾录制《明天会更好》，邀请了岳雷、巫启贤和水草三重唱，但是他们并没有担任主唱，在合唱明星之中，他们看到台湾音乐产业的发展，也促成了海蝶音乐的成立。李思菘、李伟菘于 1993 年在台湾发行唱片《玩耍》。新谣音乐人在与台湾音乐人的交流学习中得到成长。而且当时，新谣歌手还没有到大陆发展，所以中国大陆对新加坡新谣的知之甚少。此外，新加坡国家人口数量远低于台湾地区，面向的群体数量有限，也预示着新谣的影响力在一定范围之内。

其二，官方未给予足够重视。分析当时新加坡政府对新谣的态度，一直比较暧昧，可谓不支持不反对。前身是负责推广讲华语运动的新加坡推广华语委员会，1998 年更名为新加坡推广华语理事会，为庆祝讲华语运动 35 周年的特刊中，竟然对"新谣"只字不提，可见这场由学生发起，自下而上从民间发起的活动，没有纳入官方讲华语运动的话语体系之中。追究其深层原因，恐怕要与新加坡官方话语构建的倾向有关。新加坡的国歌是马来语，新加坡国庆日的主题曲也是基本以英文演唱。尽管 1998 年新加坡国庆主题曲 home 由陈洁仪用英文、华语演唱，但是每年的新加坡国庆日基本上以英语为主，语言的问题跟政策的倾向是分不开的，也即不会把以唱华语歌为主的新谣推到过高的位置，也不打压，以实现某种政治的平衡。

新谣的诞生与末代华校生对华校关停的无奈和抗争相关，在已有的中英文研究中，基本都探讨了语言政策、华文教育与国族认同等问题，本研究探讨在新谣的发展过程以及之后的新谣精神的传播与传承过程中，大众媒介如广播电视、纪录片、影视剧等如何对新谣发展的影响，以及新谣体现的国族认同问题研究。研究以华语为主要语言的新谣，有助于研究中华文化在海外的传播、流变和发展，可以思考新加坡华文教育现状，也可以了解华裔在海外的生存、发展与族群认同等问题，具有很高的研究价值，然而中国大陆的研究目前仍然是空白。

三、新谣产生背景

新加坡新谣的产生有特定的历史背景，至今对于新谣与诗乐的关系还未有定论。但是值得注意的是，"新谣"命名伊始，就探讨了"新谣"与诗乐的区别。"如果词方面令人难懂，在曲调方面又太高，那么，便不能引起更多人的兴趣，我们首先应该使我们的歌曲浅易化……当然，我们也不能为了迎合听众们的口味儿降低格调，也没有必要为了自己的风格而使我们的歌造成曲高和寡的现象；我想我们创作的歌曲应该介于两者之间"。[①] 徐兰君认为，新加坡的诗乐运动与新谣之间的直接关系一直很难界定，通常发生时间上的先后关系被视为继承的一种表现。[②] 笔者认为，南洋大学诗社"以乐合诗"的艺术表现形式为新谣打下了良好基础，以华文为主要教学媒介（在南洋大学办学后期应政府要求加入了英文教学）的大学学子走上工

[①] 乔克岑.弹弹新谣·谈谈新谣 [N].南洋商报，1982-9-13（33）.

[②] 徐兰君.唱自己的歌：声音的跨界旅行和文化的青春互动——浅谈新谣与台湾现代民歌运动之间的关系 [J].东华汉学，2015(21)，201-229.

作岗位后，对唱新谣的学生提供了许多实质的支持与帮助。

新谣发展的背景还有，南洋大学于 1980 年被撤并后，其他华文的中学学子产生了焦灼、无奈与彷徨的情绪，需要情感抒发。新加坡年轻人的华语水平和教育政策挂钩，从"南洋大学"的撤并可知当时政府对于华校教育政策是循序渐进，逐渐收紧。新加坡政府从 20 世纪 70 年代推行英文为教学媒介语，一所华语综合性大学的关闭，也伴随着中小学华语教育的逐渐收紧，1980 年，新加坡全面废除华校制度。在邓宝翠的另外一部纪录片《从维多利亚街到宏茂桥》中展现了作为华校圣尼各拉女校的发展得不到太多的支持，政府的政策向英校倾斜。十年的教育政策足以改变一代人，1980 年南洋大学关停，而新谣年轻人就读华文中学等，拥有语言教育与中华文化根基，可以用华语作词演唱，表达哀思、愁绪与憧憬，于 1990 年后他们的情感寄托形式——新谣式微了。

然后，在长期接受欧美和西方文化的新加坡年轻人处于一种"精神无家园"的状态，而自行生发出"唱自己的歌"的文化自觉；最后，也是最重要的一点事，中国台湾民歌运动给新谣提供了强烈的启发，不论是年轻学子自己写歌，还是后来学习台湾地区走音乐产业的道路，都深受另外一个同讲华语、传承中华文化地区的影响。

四、新谣与大众媒介的传播

20 世纪 70 年代发展起来的台湾校园民歌受到了媒体人的大力支持，资深媒体人陶晓清被誉为"台湾民歌之母"。1971 年由洪小欣主持的音乐节目《金曲奖》上鼓励歌曲创作。陶晓清在自己的"中国广播公司"的《热门音乐》节目当中为原创音乐提供发表的平台。1977 年，陶晓清邀请八位民歌歌手录制了唱片《我们的歌》，唱片由洪健全教育文化基金会赞助。

在新加坡，新谣的发展同样受到了媒体人的大力支持。林子惠创办的第三广播网（今"都市频道"）《歌韵新声》节目，第一期节目选择的是"雅韵小组"，为了更好地推广新谣歌曲，林子惠在匣式录音带中录制新谣歌曲，方便其他节目中间穿插播放。她录制了巫启贤、黄慧珍的《邂逅》，这首歌也史无前例地没有录制唱片就登陆了《龙虎榜》的榜单，引发了新加坡公众对新谣的关注。之后，林子惠还把《如何对你说》这首歌推荐到电视剧《小飞鱼》。对于这段历史，《我们唱着的歌》导演邓宝翠在接受采访时说：

当时的媒体人拥有敬业乐业的精神，他们开辟了很多空间给本地的创作者，我觉得当时的媒体人有一种对社会的责任感、媒体的良知，这也是我向他们致敬的作品。

——邓宝翠《狮城话艺》《新谣纪录片〈我们唱着的歌〉勾起你我的回忆》访谈 [①]

潘正镭是《新明日报》总编辑，曾经是南洋大学诗社的社长，同

---

① 《狮城话艺》新谣纪录片《我们唱着的歌》勾起你我的回忆 [EB/OL].https://www.youtube.com/watch?v=s8uctCfHiW0.2016.2.26/2020.2.10.

学张泛是音乐学会的会长，一人写词，一人谱曲，共同创作了一首诗乐《故事》，诗乐成员杜南发也是资深报人，曾任《南洋商报》《联合早报》《联合晚报》《新明日报》总编或副总编，1978年南大诗乐发表会由潘正镭主持，诗乐对新谣的产生发挥了积极作用，此外，张泛支付了新谣的第一张母带录制中乐手、录制等费用。

关于新谣是否继承了诗乐，还没有定论，但是笔者认同邓宝翠访谈时说的"诗乐培育了新谣，南大生毕业后从事媒体的人，为年轻人表达作品提供了空间，扶持、鼓励他们要创作自己的歌曲（就像南大诗社当年一样）"。根据新加坡图书馆提供的报章网络搜索数据库显示，1982年至今以"新谣"为关键词的搜索数量为44945条[①]，以Xinyao为关键词的搜索仅为1577条[②]。由此可见，新加坡华语媒介对新谣比较关切，与英语为媒介语的媒体关切程度相差巨大。由此可见，华语的报人对于新谣更加关注，而使用英文的华人或其他族裔人群对于这种文化的关注度相对少。

当时电视台综艺节目导播林枫音对电视媒介传播新谣起到了重要作用，她听到新谣受感动，第一期节目邀请了巫启贤、黄惠贞，他们上节目后对新谣起到宣传作用，许多观众咨询购买唱片。之后新谣的成员陆续上节目。电视台导播《缤纷星期四》林适，在节目当

---

① 1950至今的搜索条目是63644条，1950—1981年搜索到的条目18699，故粗略估计1992年新谣名字命名的有44945条报道。数据库涵盖联合早报、星洲晚报、南洋商报、联合晚报、新明日报、Sin Chew Weekly以及Sin Chew Youth等。参见新加坡图书馆Newspaper E-source，提取日期2021-2-4.

② 新谣的英文名以拼音Xinyao命名，1983年前的1979年仅为一条，1985年开始才有相关报道。参见新加坡图书馆Newspaper E-source，提取日期2021-2-4.

中，也请来了新谣歌手上节目。

2014 年 7 月 6 日，由《我们唱着的歌》制片人邓宝翠等人策划的新谣分享会，邀请了梁文福、许南盛、巫启贤、颜黎明、潘盈、黎沸挥、刘瑞政等人，在百盛楼中央广场书城举办，邀请了热爱新谣的民众 [①]，盛况空前，这场分享会的视频也放在了《我们唱着的歌》纪录片中，成为某种形式的"互文"。

任何一种文化现象的产生不是单一元素决定的，东西方的社会思潮，当时的政治、经济、社会、文化等的各个要素，都可以孕育一种文化现象的产生。就如陈独秀主办的《新青年》杂志催生了中国新文化运动的产生，台湾民歌运动的推手陶晓清功不可没，梳理新谣运动发展，媒介背后的媒体人提供的支持与帮助，使得新谣走出校园，走向大众传播的平台。广播电视媒体对新谣起了宣传作用，促进了新谣在更广阔的时空进行传播。在分析媒体对新谣的作用，不必陷入媒介决定论的窠臼，但媒介对新谣确实起到了非常重要的催化作用。

五、新谣影视的视听觉传播

新谣作为一代人的集体记忆和新加坡的文化符号，在新加坡的影视当中出现，甚至作为影片的主题。几乎所有以新谣为主题的影视作品都由新谣唱作人制作原创影视音乐，因此新谣影视剧在视

---

① 沈茂华.《我们唱着的歌》新谣分享会出现空前热潮 [EB/OL]. 联合早报网.2014-7-6/2021-2-7.

听觉传播过程中除了通过剧情动人，还可以借由新谣感人。1997年，林雪燕导演了一部新谣电影，名称为《轨道》（*The Road Less Travelled*）。相隔 16 年，曾经执导过《还魂》《撞鬼》的导演蔡于位导演新谣影片《我的朋友，我的同学，我爱过的一切》（*That Girl in Pinafore*）于 2013 年上映。

2015 年新加坡新谣题材的电视连续剧《起飞》以及电视专题片《新谣的回顾与思考——新加坡音乐人系列采访》（起飞网络篇）上线，2016 年《我们唱着的歌》上映。

于 2020 年上映，梁智强导演的《我们的故事之沉默的年代》，作为《我们的故事》续篇，饱含了导演梁智强对于他所成长年代的记忆和强烈的个人印记。梁导出生于 1960 年，作为一名华校生，他同样也有听新谣的经历。在他的电影《我们的故事之沉默的年代》其中穿插了新谣知名曲目《邂逅》等，把影片的故事背景带到了 20 世纪七八十年代。除了影视剧，梁文福也创作了音乐剧《雨季》《天冷就回来》等。以下对新谣的视听觉传播形式进行审美赏析。

（一）无解说词纪录片

《我们唱着的歌》是无解说词纪录片，在邓宝翠的另外一部纪录片《从维多利亚街到宏茂桥》运用了表演短片来叙事。邓宝翠的纪录片拍摄手法很值得探讨。

作为纪录片声音的一个类别，纪录片解说与音响、音乐、非解说词人声等共同构成纪录片的听觉因素。纪录片解说发挥了补充解释画面中不能说明、不便表现、不能深刻表达的内容，发挥了解释细节、衔接画面、渲染气氛、抒发情感、揭示主题等作用。作为"上帝视角"的解说词，往往破坏了纪录片所营造的真实之感的意境，为受众观赏纪录片提供了一种诠释性的话语，影响了观众在观看自我释义的主动参与。从内容上看，政论纪录片、科普纪录片、历史纪录片等往往需要解说词的参与。

中国无解说词纪录片《沙与海》《流浪北京》《铁西区》等，把镜头对准普通人群甚至边缘人群，通过真实生活场景和日常对话的呈现，为观众带来独特的观看体验。

在《我们唱着的歌》中，声音元素非常丰富，充当叙事功能的新闻报道、人物访谈等，代替了解说词的功能，而新谣音乐的穿插，让纪录片没有解说词，就能够清晰地表达新谣的发展脉络：许环良、孙燕姿、林俊杰的采访引出新谣——诗乐的发展——南洋大学的撤并——地下铁小组的成立——电台的推动……前面运用了"倒叙"追溯"新谣"，接下来按照时间的脉络开始讲述新谣的始末，逻辑清晰，导演的功力可见一斑。导演在拍摄中不仅要深入了解新谣的发展，还要对选取的访谈对象有准确全面的把握，更需要挖掘能够把故事讲述完整的新闻片资料、人物故事等。

这种访谈恰恰符合纪录片的真实性原则，由真人说出真实发生的事件，以及流露出来的真情实感，其审美效果是解说员达不到的。创作形式所营造的"真实感"只是一种独特的审美体验，它的出现，并不等同于内容的绝对真实；"无解说"不代表导演"无观点"，导演只是藏在镜头后面，只是不用文字把观点直白地表达出来[1]。

---

① 张力.视听的剥离与融合：无解说纪录片的类型和表达研究 [J].现代传播（中国传媒大学学报),2019,41(04):123-126.

（二）乐曲与剧情的节奏问题

新谣成为近 20 年的影视剧当中重要的母题，值得深思。尽管有学者认为，新加坡年轻人在 20 世纪 90 年代之后创作的华语歌谣属于"后新谣"，影视主创借不同的故事发展时代，表达了自己的看法与见解。

《我的朋友，我的同学，我爱过的一切》故事发展的背景是 20 世纪 90 年代初，这个时候属于后新谣时代，故事的发展线索是新谣歌唱比赛。当中编排了 9 首歌曲，在创办之初导演就表达了对于是否要以新谣为主题的矛盾，认为这个概念并不卖座，然而事实证明新谣还是很有市场的。①

对于新谣的一些影视剧、音乐剧，有一些批评意见都很雷同，如《我的朋友，我的同学，我爱过的一切》《起飞》《天冷就回来》有"为了歌曲拼贴剧情之感""为了展现歌谣而把歌曲完整放了，像是 MV 不是电影"②之类的评论。为了提升新谣的传播能力，有必要对新谣剧的节奏问题探讨。

在音乐剧当中，使用某一歌手或是乐队的歌曲，并编排出相

---

① 黄少伟.新谣电影《我的朋友》哀悼本地中文水平低落 [N].新加坡联合早报，2013-8-5.

② 颜如艳."新加坡派"的文化纠结——梁文福词曲作品中的认同与杂糅 [D].台北：成功大学艺术研究所学位论文.2011.以及豆瓣短评等。以及"不过《天冷就回来》剧本的情感轨迹和搭配的歌曲都太过匹配，以致音乐剧里精彩的"双重时空"概念没有完全被发挥出来……无论是歌词或演绎方式都和剧情、气氛和角色感情完全融合在一起。这种融合，影响了剧本和歌曲相互呼应和碰撞的效果，也削弱了音乐反映出故事以外另一层意涵的力度"。来源自剧评人任骏之.什么是属于我们的音乐剧？｜评《天冷就回来》[EB/OL].众观.2014-4-4/2020-2-10.

应的故事情节将所有的歌曲串联起来的音乐剧，称为点唱机音乐剧（Jukebox Musical）。音乐剧《妈妈咪呀》《红磨坊》《摇滚年代》等，都是典型的例子，西方成功的音乐剧有赖于乐曲与剧情节奏的有机配合。

《天冷就回来》音乐剧，由梁文福创作的《细水长流》《写一首歌给你》《我们的歌在哪里》《天冷就回来》等十多首歌曲穿插于音乐剧之中。音乐剧中，新谣的穿插可以引发观众共鸣，在剧情所塑造的时空中，创造了另外一层时空，然而，剧情的创作与音乐的情绪氛围过于一致，少了剧情的张力。众所周知，新谣的风格旋律简单，歌词朗朗上口，节奏舒缓，当剧情与音乐的节奏太过一致时，便少了剧情所应该具有的节奏。

中国儒家音乐理论著作《礼记·乐记》谈到："节奏，谓或作或止，作则奏之，止则节之。"中国古代的论述就表明了节奏是不同的要素对比显现出来的。同时，节奏又是有一定规律的有序运动。音乐、舞蹈、电影、纪录片等艺术形式，皆有节奏。因此，《天冷就回来》中，如果只是为了配合梁文福的音乐而创造剧情，便少了剧情应该有的松弛与紧张的变换。没有对比要素显现或显现得不明显，剧情的悬念、冲突、高潮等设置就缺乏火候。

（三）歌舞片的艺术再创作

美国的歌舞片类型和电影同步诞生，歌舞片（Musical Film）是一种以歌唱与舞蹈贯穿剧情的电影类型。从改编自音乐剧的电影《妈妈咪呀》《歌剧魅影》《芝加哥》《吉屋出租》，再到这几年为大荧幕原创歌舞片《爱乐之城》《马戏之王》等，音乐已经成为剧情的一部分，起到了烘托氛围、交代剧情、抒发感情等作用。

不论是音乐剧、电视剧还是电影，以新谣为主题的艺术作品，属于艺术的三度或四度创作，是"戴着手铐和脚镣"跳舞，如何为我所用，把握好艺术再创作作品节奏，需要导演首先考虑的是剧情的完整，而不是新谣呈现的完整，或是新谣编曲的新意。音乐与剧情不是同步创作的歌舞片，尤其需要剧情与曲目的相得益彰。

20世纪50年代的经典歌舞片《雨中曲》的故事背景发生在无声电影到有声电影的20世纪20年代末，影片选取了20年代末至30年代初经典的歌曲，对音乐进行了重新编曲，编排了相应的舞蹈动作与生动的剧情，成为世界电影史上的经典。虽然《我的朋友，我的同学，我爱过的一切》对片中的新谣加入了最新的编曲，使得片子更加符合当代年轻人的审美，剧情中穿插大量的歌曲演唱，也有舞蹈部分，拥有与台湾青春偶像剧相似的风格，但是存在节奏问题。为了新谣而编排剧情，在剧情写作过程当中，尤其需要考验编剧、导演的功力，更重要的是，如何处理好音乐与剧情的关系，调整好影片的节奏。与此相比，邓宝翠《我们唱着的歌》就很好地把握了节奏，首先是精心选取有代表性，能够说明新谣发展的歌曲，其次，选取的歌曲只节选段落，没有全篇演绎，这些都是值得借鉴的。

六、新谣的审美与赏析

新谣作为一种以华语为语言的听觉传播艺术，不仅具有艺术欣赏价值，更承载新加坡独特的文化意味。以下就新谣这种艺术形式本身，探讨其审美价值和文化内涵。

（一）非激励型音乐

新谣跟官方委制的爱国歌曲，比如说在国庆日的庆典上，大家一起唱的那些官方爱国歌曲，最大的区别在于，它不是一个由上而下、概念先行的创作……

——梁文福《我们唱着的歌》口述[①]

Radocy, E.Radocy, & Boyle, J. David Boyle 把音乐分为激励型音乐（Stimulative Music）和镇定型音乐（Sedative Music），发挥的作用不一样。激励型音乐可以刺激情感反映，而镇定型音乐可以抚慰、稳定情绪，使人放松。他们认为激励型音乐中，节奏是最关键的因素之一，变化较大的节奏比节奏舒缓音乐更能激发身体反应。其次，大声起到激励的效果。相对来说，镇定型音乐依赖于连奏和非打击乐，旋律段落是持续和连奏，有单调和柔和的反复，摇篮曲是很好的例子。[②]

---

① 邓宝翠. 我们唱着的歌 [EB/OL] .netflix.2020-6-8/2021-2-10.
② Stimulative Music：While rhythm, and particularly tempo, appears to be the dominant energizing factor, dynamic level also may stimulate. Louder music generally simulates greater physical response than softer music. Other musical attributes, such as pitch level, melody, harmony , texture, and timbre, also may help energize music, but the extent to which these variables contribute toward music's driving, energizing force is less clearly understood than for rhythm and dynamics.……Sedative Music：Music that soothes, clams, or tranquilizes behavior appears to rely on nonpercussive and legato sounds. Its melodic passages usually are sustained and legato, and generally have minimal rhythmic activity. Sedative music's most important rhythmic attribute is an underlying beat, which usually is monotonously regular but subdued. Lullabies are a prime example…… 参 见 Rudolf E. Radocy & J. David Boyle. *Psychological foundations of musical behavior*(4th ed.). Springfield, IL: Charles C. Thomas. 2003：42-43.

分析新加坡国庆日主题歌可知，这些歌曲音乐有强烈的节奏，运用强劲的架子鼓等打击乐突显节奏，一般采用主唱加合唱的方式演绎，把情绪推向高潮，最后在大合唱或激昂的音乐声中结束。由此可见，官方推崇的音乐歌曲是激励型音乐，与此相比，新谣旋律简单、节奏轻快舒缓，大部分属于镇定型音乐。

新谣的产生、发展是自下而上的，这给创作者带来更多的发展空间与表达自由，再加上受到台湾民歌风格的影响，区别于美国20世纪70年出现的Rap以及更早期出现的摇滚乐，新谣呈现出一种配乐器简单、旋律简单重复、朗朗上口等特点，受到当时观众的喜爱。然而这种音乐不一定是官方在特定场合播出、有特定功能的歌曲。

（二）多元文化融合

新谣是时代的产物，新谣不仅受到历史的影响，也由当时的社会环境发展而来。作为马来汪洋世界一个小红点的新加坡，受到马来文化的影响，不仅如此，新加坡是个多元种族社会，华族、马来族、印度族、欧亚混血等四大族群使得新加坡的文化混杂了中华文化、东南亚文化、南亚文化、西方文化等，多元种族社会当中以华语为主要语言演唱的新谣不可避免地融合了以上多种文化的艺术元素。在新谣名字提出的时候，就探讨了新谣的风格问题。

刘文忠：怎样才能算是有新加坡特色？

陈健良：我想，或者是要在歌曲上加点马来风味或淡米尔风味，因为我国是个多元种族的国家。

黄成财：台湾的民谣歌曲里，有许多歌词是描写如联考、乡间情趣的题材，这些都不是我们日常生活中所能感受到的。

陈健良：香港的社会大致和新加坡一样，他们把他们的民歌称为"城市情歌"。①

回顾诗乐的音乐特色，与新谣有许多相似之处。在南大学生跨出校园后，他们与社区不同职业的创作者一起合作的"二月草的诗乐演唱会"上，伴奏不仅有中国传统乐器：二胡、六弦琴、长笛等，还有西洋乐器：钢琴、小提琴等，演唱会根据诗歌的内容，分为六个小专题，其中，小专题"苦难岁月"收录的三首歌，是描写柬埔寨难民的，由柬埔寨难民谱曲的《故乡》由新谣之父张泛用柬埔寨语、英语、华语分别演唱。诗乐中，显露出了一种多元文化的杂糅，而这种杂糅同样在新谣中出现。

以雅韵小组的《和平的呼唤》为例，当时苏联把韩国一架客机击落下来，李顺源为了呼吁和平而创作词曲的《和平的呼唤》，编曲使用了夏威夷吉他，用欢快的曲调化解沉痛的话题，表达了对和平的向往。梁文福《阿 Ben 阿 Ben》在歌曲前奏引用马来歌谣的旋律 *Di Tanjung Katong*（在丹绒加东）。梁文福《新加坡派》歌曲中，20世纪 70 年代的前后分别用香港许冠杰的《浪子心声》以及美国歌曲 *I just called to say I love you*、*We are the world*、台湾歌曲《明天会更好》拼贴，带听众回到当时那个受到中国香港、中国台湾以及西

① 乔克岑. 弹弹新谣·谈谈新谣［N］. 南洋商报，1982-9-11（41）.

方文化影响的新加坡。

南洋风不是椰树、榴莲、海风、沙滩这些简单的意象叠加，而是通过接受多元文化的新加坡年轻人所自然流露的生活书写。这种文化混合了中西方艺术与文化，吸纳了东南亚和南亚风情，在旋律、歌词、配器等多方面展现出来，体现出了独特的新加坡本土风格。

（三）想象中的中华文化

如果说南洋风格是一种新谣本身带有的文化基因，那么中华文化是以华语为主要语言的新谣的文化源流。为新谣提供帮助与支持的诗乐中，有许多的中华文化符号：诗乐成员、资深报人杜南发曾经为诗乐《长河》作词，"朝向北斗……我是龙灯，舞着一路繁花的希望，去向大地的尽头……"有北斗、龙灯等鲜明的文化符号。在梁文福的《历史考试前夕》，竟然有："秦始皇、屈原、楚霸王、刘邦、西施、昭君、刘备、安禄山、杨玉环、岳飞、朱元璋、郑和、袁崇焕、林则徐……"等多个历史人物及典故，得知当时的华校生深受中国历史的影响。

然而，这些创作新谣的年轻人很多人并未到过中国，所以对于中华文化存在一种想象。离开了中华文化原生的中华大地，作为东南亚马六甲海峡扎根的华族后代，当时这些20世纪60年代出生的华裔正值二十岁左右的年纪，不是第一代移民，对于中华文化的领悟只能通过语言文字、历史人物、文学典故等，然而这些是中华文化的符号，不是中华文化本体，因此新加坡华裔通过母族文化承载的符号了解中华文化，对中国、中华文化、中华民族存在一种想象。

梁文福《赤道河水谣》中以新加坡河的今昔对比，表达了对于新加坡城市快速发展的辩证思考。音乐运用了长笛、唢呐、二胡、中国大鼓、锣、钹等中国传统乐器，再加上不断穿插的劳动号子，显示出一种浓郁的中国风。音乐中加入了架子鼓、贝斯、电子琴等现代乐器，歌词还有"狮子头的鱼""莱佛士和他的兄弟"等，体现出强烈的新加坡符号。乐曲当中还有"换了新名字的人呀换不了肤色，这样匆匆遗忘匆匆建设"。表达了东西方文化交融下的新加坡文化的根在哪里，以及未来往何处去的深层思考。

新谣音乐，不是简单用多元文化和多语混杂可以概括的，它是新加坡年轻人，特别是华裔青少年对于根的找寻，不论是他们表达想象中的中华文化，还是他们从文化基因中散发的南洋韵味，都是一种杂糅的文化现象，不能简单以中华文化的传承来概括新谣，这是新加坡本土文化生发出来的，辨识度高、包容性大的歌谣，是新加坡人一代人的集体记忆。所以，新谣既区别于台湾民歌、也区别于中国大陆的校园民谣，这是一种具有独特风格，独特韵味的华语歌曲。

六、新谣的传播与新加坡华人认同

（一）新加坡人特殊年代的集体记忆

新谣已经不存在，成为 20 世纪 60 年代生人的集体记忆（Collective Memory）。1984 年 4 月新谣的第一张专辑《明天 21》面世，之所以取这个名字，是因为许多歌手这一年 20 岁，马上 21 岁，事实上，新谣的歌手基本是 20 世纪 60 年代生人。

从 20 世纪八九十年代的发展来看，新谣的影响力虽然很广，但是按照与这一时期共同成长的年轻人推算，受新谣影响最深的人出生于 1975 年前。也就是说，45 岁以下的中青年已经对这段历史没有更多感同身受的回忆了。台湾学家王明珂认为，集体记忆有赖某种媒介，如实质文物（artifact）及图像（iconography）、文献或各种集体活动来保存、强化或重温。① 保留新谣的视听觉传播这段集体记忆，有助于新加坡构建一种身份认同。每一种社会群体皆有其对应的集体记忆，借此该群体得以凝聚及延续 ②。新谣是新加坡一代人共享的记忆。

通过美学分析可知，新谣来源于中华文化，但是并不能简单地等同于中华文化在海外的传播，新加坡华族的来源都是移民，那么这些移民所造成的新族群环境，除了提供结构性失忆（structural amenesia）滋长的温床外，也往往促成原来没有共同"历史"的人群来发现或创造新的集体记忆，以凝聚新族群认同 ③。新谣就是一种基于新加坡本土文化发展而来的文化，不仅可以构建一代人的集体记忆，更可以构建一种国家的认同感。

---

① 王明珂.华夏边缘：历史记忆与族群认同（增订本）[M].杭州：浙江人民出版,2013:24.

② Lewis A. Coser, *Mauric Halbwachs on Collecitve Memory* [M], Chicago: University of Chicago Press, 1992:22.

③ 王明珂.华夏边缘：历史记忆与族群认同（增订本）[M].杭州：浙江人民出版,2013:29.

（二）新加坡国族认同的标志与华语推广的渠道

新加坡建国以来，实用主义的政策导向贯穿着国家新加坡发展，而这个导向对于年轻人产生了潜移默化的影响。在国家快速发展过程中，有人担心年轻一代太过自我。梁文福曾经表达过这个问题①，邓宝翠也有类似的看法。

在我刚开始制作《我们唱着的歌》时，我接触到南大那一批人，他们对文化事业的支持是看得更深远，南大以后的新谣那一代比不上他们。而在新谣之后的那一代人更不要说了。从事影视业我必须接触不少年轻人，他们的价值观已趋向自我主义，功利主义已成了大多数新加坡人的主流思想观。

——邓宝翠②

近年来，新加坡面临的一个尴尬的现象是，许多年轻人到欧美发达国家留学，毕业后就不回国效力了。因此，构建国族记忆，建立对于国家的认同显得尤其重要。

1996 年，梁文福担任了新加坡第一部原创华语音乐剧《雨季》编剧，2007 年，以他创作的新谣为基础，由杜国威编剧的音乐剧《天冷就回来》登台，梁文福作词："……我想出去走一走，喔，妈妈

① 狮城话艺：梁文福专访 . [EB/OL]. https://www.youtube.com/watch?v=tiji4EzE
MsQ.2018.1.22/2020.2.10.

② 许通元、邓宝翠.从孤独之旅、怀旧之恋到新谣的旅程——邓宝翠专访［J］蕉风，2016 (510)，28-37.

点点头。天冷你就回来，别在风中徘徊；喔，妈妈眼里有明白，还有一丝无奈；天冷我想回家，童年已经不在；昨天的雨点撒下来，那滋味叫作爱。唔，别在风中徘徊，唔，天冷就回来……"在"爱的名字2018——梁文福作品慈善演唱会"上，梁文福在歌曲演唱过程中，还朗诵了贺知章的《回乡偶书》："少小离家老大回，乡音无改鬓毛衰。儿童相见不相识，笑问客从何处来。"《天冷就回来》这首歌配合音乐剧新加坡年轻人在海外打拼的剧情，颇有些劝游子回家的意味。

1990年以后的新谣时期，有学者认为是后新谣时代。新谣人物至今仍然在创作、传唱新谣作品。新谣的音韵、意境、文化，可以使听众感受音乐美、领悟文学美。新谣有不少作品有社会现象的观点表达，带有强烈责任感的社会关切。听新谣、传播新谣歌曲，不仅可以提升年轻人的华语水平，还可以提升听众的审美，更重要的是，构建一个国家的国族认同。作为一个建国55年的国家，文化根基不深，如果选取好文化话语的讲述，显得尤其重要。

（三）华语音乐世界重要的文化遗产

笔者认为，新谣已经不复存在，但是新谣精神仍然延续和影响下一代，是新加坡建国55年来重要的文化遗产，也是华语音乐史上宝贵的财富。

新谣精神的传承主要体现在以下几点：（1）知名音乐人孕育优秀歌手:《海蝶逐日》是新谣第二张专辑，"虽然（目标）不可即，我们仍然追求"①。"海蝶音乐"于1986年成立，公司孕育了许多优秀的华语歌手。至今，新加坡音乐人由于具备东西方音乐的素养和受到多种文化的熏陶，在华语乐坛具有重要地位。如果没有新谣这个时代的洗礼，可能就不会有许环良，就不会有陈洁仪；没有陈佳明，就不会有许美静；没有李伟菘、李偲菘，就不会有孙燕姿②。新谣音乐人培育了许多优秀歌手，梁文福在南洋理工大学开课，教授"现代中文歌词导读""中文流行歌词创作"等课程③；（2）优秀文化作品呈现：新加坡的书市曾经是新谣发布的地点。如今，新谣在书市举办小型演唱会，仍然吸引了众多市民现场观看，以新谣命名的"新谣歌唱及创作比赛"仍然创办至今④，还有新谣人物的大型演唱会办得都很成功。新谣代表人物梁文福音乐剧《雨季》《天冷就回来》受到了大家的喜欢；（3）还有一系列以新谣大众媒体的文化衍生品：如电视剧、电影、纪录片、电视专题片等不断涌现。不仅是新谣母题的衍生，更是一种精神的延续。

（四）新谣的官方认可与大众媒体传播

近年来，官方也意识到了新谣这种艺术形式的宝贵财富。新谣被视为推广中华文化的工具，成为"华族文化节"的必备节目。2013

---

① 新谣的回顾与思考——新加坡音乐人系列采访（起飞网络篇）[OL].哔哩哔哩.2020-7-26/2020-2-10.

② 许环良口述来自邓宝翠.我们唱着的歌［EB/OL].netflix.2020-6-8/2021-2-10.

③ 颜如艳、杨金峯.梁文福歌词作品中的文化情结与新加坡社会现象［J］.台湾东南亚学刊，2009，6（2）：43-76.进入原援引网络路径已经看不到相关介绍。

④ 2019"新空下"全国学生新谣歌唱及创作比赛 National Schools Xinyao Singing and Songwriting Competition 2019［EB/OL].推广华语学习委员会官网.2019-4/2020-2-6.

年，李克强总理在北京宴请新加坡李显龙总理时，将《细水长流》列为国宴曲目。2014 年，新加坡总理李显龙在国庆群众大会发表演讲时，引用了梁文福《细水长流》中的第一句歌词"年少时候，谁没有梦"，他还提到了吴佳明演唱的《小人物的心声》是他最喜爱的歌曲，"小人物也有小人物的贡献"[①]。由教育部兼人力部高级政务次长刘燕玲女士领导的推广华文学习委员会至今致力于"新空下"全国学生新谣音乐节等活动的举办。由此可见，新谣作为新加坡的一个重要文化符号和联络华族情感的桥梁，被普遍认可和采用。

毋庸置疑，新谣的发展之初，大众媒体就起到了重要的作用，没有广播、电视的大力宣传，新谣就不可能走出校园，走向大众的视野。近年来，电视剧、电影、专题片、纪录片等媒介形式同样对新谣精神的传承起到了重要作用。而近年来，随着官方对华语政策的施行与对讲方言态度的转变，再加上官方对于新加坡发展过程中的反思与调试，新谣已经成为一种官方叙事话语，成为当地媒体乐于报道，观众喜闻乐见的一个文化符号。

南洋理工大学的王昌伟研究发现，本地华语电影的发展，和新谣在 20 世纪 80 年代的发展有不可忽视的一致性。两者都经历过以"自我界定本土"到"以商业包装本土"的演变，显示本地的文化产业与东亚地区流行文化、商业文化、网络之间的密不可分，却又时而呈现紧张对立的复杂关系。[②]新谣已经走出活动本身藩篱，成为当代

---

① 李显龙.2014 年李显龙总理华语群众大会演讲.2014-8-17/2020-2-10.
② 陈宇昕.王昌伟谈 90 年代后新谣［N］.联合早报,2016-9-2.

新加坡国族叙事的一个重要标志，它不仅是过去时代的产物，更是当今时代的一种精神象征，并可以用来对未来新加坡文化发展作铺垫。而大众传媒作为其中重要的助推手，将来也成为官方认可、推动新谣精神传承的重要传声渠道。

第四章　华侨华人口述史的媒介实践
　　　　与理论探索

　　口述历史定义为以录音访谈的方式搜集口传记忆以及具有历史意义的个人观点。[①]口述历史特色，便是在于史观和方法论上的"去中心化"（Decentralization）。在美国，各口述历史中心收集的重要内容包括移民、女性、少数族裔、边缘人群等的口述历史，这是与近年来西方学界关注流散族裔（Diaspora）、多元文化主义（Multiculturalism）和混杂性（Hybridity）趋势有关。

　　2003 年以来，中国社会科学出版社出版发行了多期《口述历史》，多本以"口述"命名的书籍在 2003 年左右出版发行，我国以口述历史作为一门学科进行实践虽然起步较晚，但是自实践之初就关照了华侨华人群体。2002 年我国华侨历史学会启动了抢救华侨华人历史活资料工程。[②]

　　原下属新加坡国家档案馆，后隶属于新加坡国家图书馆管理局的

---

① ［美］唐纳德·里奇 . 大家来做口述历史 [M]. 北京：当代中国出版社，2006:2.
② 中国华侨历史学会启动抢救侨史活资料工程 [N]. 中国新闻网 .2002-10-17.

新加坡口述历史中心开启了多个口述历史项目，包括"新加坡多元种族社会""华人方言群""口头传统"等特色项目，是国家集体记忆的重要保存库。[①]

口述史学作为我国新兴交叉学科，受到人类学、社会学、史学等学科领域研究者的关注。当下新的媒介技术正在改变我们记录、解释、分享和呈现口述历史的方式，并因此引发了口述史学领域新的范式革命。现在，由于海内外防控疫情的压力增加，个人的物理移动距离缩短，对口述历史的采集造成障碍，据了解，2020 年上半年我国在研的多个口述历史工程因为疫情原因不得不中断研究。

笔者于 2019 年 9 月—2020 年 7 月指导团队进行东南亚华侨华人"口述历史'下南洋'"采集，并基于此制作广播系列节目《口述南洋》，该节目使用闽南语、普通话双语制作，虽然在口述历史采集后期遇到了新型冠状病毒的影响，但笔者所带领的团队在疫情防控期间充分发挥移动互联网的媒介优势，在解决口述历史的跨空间采集难题的同时，把相关口述历史编辑成文字、图片、广播、纪录片等进行大众传播，获得了可观的传播效果，并且探索出在新媒体环境下口述历史采集的新方法。

---

① 蔡志远 . 新加坡口述历史中心 [J]. 图书馆 ,2015(12):6-9.

第一节　口述史的传播现状、问题与对策

口述历史定义为以录音访谈的方式搜集口传记忆以及具有历史意义的个人观点。[①]在海外，1948年阿兰·内文斯在美国哥伦比亚大学建立第一座口述历史研究室以来，口述历史实践在海外已经发展72年。

口述史学在我国属于新兴交叉学科，人类学、社会学、民族学、民俗学、史学、新闻学等各个学科的学者发挥本学科特长，对该学科的发展做出了贡献。然而学者们更热衷于介绍和讨论它的理论和方法，长期投入的实践者却反而人数不多。[②]

近年来，口述历史作为新兴学科，不仅受到学界的重视，可以为历史学、社会学、人类学等学科研究提供重要研究素材，而且受到市场追捧。广播电视等媒体推出了以"口述历史"冠名的节目，但很多只是蹭"口述历史"的热度，实际上节目制作并非遵循学科规范。长期以来，口述历史最常见，比较遵循学科规范的传播渠道就是书籍。

2003年以来中国社会科学出版社出版发行了多期《口述历史》，以及《张学良世纪传奇：口述实录》《启功口述历史》《文强口述自传》《吴德口述：十年风雨纪事》等以"口述"命名的书籍在2003

---

① ［美］唐纳德·里奇. 大家来做口述历史 [M]. 北京：当代中国出版社，2006:2、6.
② 定宜庄. 口述史：艰辛的实践体验 [J]. 博览群书，2010(2):4.

左右出版发行，此后我国出版发行行业以口述历史命名的书籍或口述历史丛书层出不穷，总体上呈递增趋势。①

一、我国口述史出版物概述

西方的口述历史实践已经历经半个多世纪，我国明确提出使用口述历史的学科方法进行实践也历经二十载的发展，日渐成熟。作为口述历史重要成果呈现之一的书籍，既有学术价值，又具有市场价值。过去十年，口述历史因为适应面广，能够为多学科接纳，学科发展势头强劲，我国口述历史图书市场伴随着学科发展而不断壮大。近年来，我国相关书籍不仅局限于海外口述历史著作的译作，而且还有许多尘封在海外口述历史资料库的音频、文字等资料首次在我国出版发行。可以说，我国口述历史书籍的出版发行为世界口述历史学科发展做出了一定贡献。

纵观我国出版发行的口述历史书籍，由知名学者、学术机构、图书馆、档案馆、文化馆、博物馆和其他官方组织的口述历史工程成稿较为严谨，成书较为规范。

1. 知名学者：这些学者来自社会学、民族学、历史学等相关学科，有深厚的学养，在学界有较大的号召力与影响力，为我国口述历史的专业实践与学科建设做出了重要贡献。"新中国工业建设口述史"与"新中国人物群像口述史"两项口述历史工程就是由南京大

---

① 李慧波. 新中国成立 70 年来中国大陆地区口述历史发展状况 [J]. 天津大学学报 (社会科学版), 2019,21(6):521-529.

学社会学院院长、长江学者周晓虹主持的。[①] 2017 年 2 月于北京出版社出版的"北京口述历史"系列丛书是由中国社会科学院历史研究所研究员定宜庄编著的。口述历史资深学者齐红深长期致力于抗日战争口述史研究，主持了多项课题，主编了"中华口述历史"丛书和多部口述历史著作。

2. 学术机构：这些口述历史项目由学术机构牵头，收集该学术机构擅长的口述史领域，有一定政策、经费、智力支持，工程量庞大，内容系统丰富，经过学术机构的编撰整理，具有较强的史料价值与学术价值。如上海社会科学院院庆六十周年口述系列丛书、我国台湾"中央研究院"近代史研究所口述历史系列丛书、厦门市社会科学界联合会与厦门市委宣传部的《口述历史：厦门老街岁月》一套三辑等。

3. 图书馆、档案馆、文化馆、博物馆编辑出版：图书馆、档案馆、文化馆、博物馆等多是官方组织，有资金与政策支持，有一定场地便于口述历史信息采集、磁带保存与档案管理等。由于口述历史被认为是声音形式的历史档案，所以在其发展早期就放在擅长"图书档案整理"的图书馆。世界第一座口述史机构哥伦比亚大学口述历史研究室设立在巴特勒图书馆图书馆。我国相关的项目有：国家图书馆中国记忆项目；湖南图书馆"湖南红色记忆"口述项目；汕头大学图书馆"汕头埠老街"口述项目；中国女性图书馆口述历史项目；西安科技大学图书馆、临渭区图书馆与临渭区文化馆的非遗

传承人口述史项目；崔永元的口述历史博物馆的多个口述历史项目。中国记忆项目中心编辑出版"中国记忆口述史"系列出版物，崔永元口述历史中心出版了"口述历史在中国"系列丛书等。

4. 其他官方组织机构：这些组织机构隶属于国家政府机构，为本行业或本专业设立系统的口述历史资料库，通过成果的出版发行，提升组织机构的影响力，构建行业话语。这些官方组织围绕一个行业相关主题展开口述历史研究，往往是有规模的系统工程，历时长、工程量大，丛书中各书籍之间的体例、形式较为一致，口述历史的采集过程和呈现较为规范。例如：国家京剧院编《难忘的记忆：国家京剧院艺术家口述史》；中国电影资料馆和电影频道节目制作中心联合开展的"中国电影人口述历史项目"。

5. 出版社组稿：由出版社牵头，以一定主题收集口述史丛书相关书籍，例如，湖南教育出版社出版发行的"20世纪中国科学口述史"、当代中国出版社出版的"当代中国口述史"等。这些由出版社牵头的口述史丛书组稿时间相对较短，需要的书量多，往往会把回忆录、自传、传记等都纳入丛书的范围。

二、回忆录、传记、自传等与口述历史的概念厘清

口述历史作为一门新兴交叉学科，各学科从自身学科角度出发，对其定义进行了一定的阐释，但是其概念、学科方法对我国公众还未普及，许多跨专业的从业人员在进入该学科时，没有搞清楚这个概念的内涵和外延，导致乱象丛生。

（一）传记、自传、回忆录与口述史概念辨析

如前所述，这个问题常出现于有关知名人士的作品中。虞和平认为，口述历史主要是指非亲历者或知情者写作的历史回忆录。[①] 笔者认为，此想法过于偏颇，把回忆录归为口述历史会扩大其概念范畴，混淆口述历史的基本特性。

陈墨认为，口述历史是口述的，而自传和回忆录则是书写的。[15] 左玉河教授也认为，回忆录、自传属于亲历者叙述历史，但通常采用"笔述"。笔者认为，以上学者所说的回忆录指的是亲笔回忆录，还有一种口述回忆录，其后探讨。就自传、亲笔回忆录与口述历史的采集方法而言，使用口述或笔述就是区别之一；其次，亲笔回忆录、自传等由作者直接书写，而口述历史需要一个从口述到文字，由口语到书面语，由口述解码到文字编码的过程；再次，自传、亲笔回忆录的执笔者为作者本人，主人公也是本人，而口述历史是由历史的亲历者口述，记录员记录；第四，口述历史包含的范围不仅仅是个人的人生轨迹，还包括个人所处的历史时代、社会环境等，而自传主要围绕个人轨迹阐述。综上所述，自传、回忆录与口述历史存在区别。

传记、自传、回忆录等概念也是各不相同。自传属于传记，传记为人物生平事迹的记叙，而自传则是自己记述自己的人生故事，传记的主人公是作者本人。法国自传诗学家菲利普·勒热纳对自传的定义是："某人（实有之人）主要强调他的个人生活，尤其是他的个性

---

① 虞和平. 口述史学的学术特点 [J]. 北京党史, 2005(6):37-38.

的历史时，我们把这个人用散文体写成的回顾性叙事成为自传。"他认为，回忆录中，作者表现得像是一个证人：他所特有的，是他的个人视角，而话语的对象则大大超出了个人的范围，它是个人所隶属的社会和历史团体的历史。①笔者认为，回忆录和传记都涉及个人经历，但是侧重点不同，传记围绕主人公的生平事迹展开，然而回忆录则关注回忆人所经历的历史背景、社会现实、知名人物等，陈墨也有类似观点。②新加坡前领导人李光耀的系列回忆录是李光耀撰写的个人回顾，但是他不光回忆自己的经历，更是回忆他亲身参与的新加坡历史。例如，在《李光耀回忆录：我一生的挑战——新加坡双语之路》的第三章"南洋大学兴与败的启示"③，他回顾了南洋大学从筹划、创办、发展、再到关停的过程，作为这段历史的参与者，他从一个领导人的角度对南洋大学的始末进行个人观点的阐述，涉及到东南亚地缘政治、时代背景、多方势力角力等复杂的历史环境。与此相比《李光耀传》④则是传记，是他人对李光耀生平的介绍与回顾。

（二）口述回忆录、口述自传与口述历史概念辨析

如前所述，口述史与传记、自传、亲笔回忆录最简便的辨别方法，在于采集方式的不同，口述历史有由口述形式转化为书面记载

---

① ［法］菲利普·勒热纳.自传契约[M].杨国政译.北京：生活·读书·新知三联书店,2001:3-4.

② 陈墨.自传、回忆录与口述历史[J].粤海风,2014(3):24-27.

③ ［新加坡］李光耀.李光耀回忆录 我一生的挑战 新加坡双语之路.南京：译林出版社,2013.11.

④ 张永和编.李光耀传[M].广州：花城出版社.1993.

的过程。同样是口述，那么口述回忆录、口述自传与口述历史的区别就涉及到口述历史的学科方法等问题。

廖久明认为，即使使用了录音机这一类新工具，口述历史同样属于回忆录。[①] 齐红深则认为，"有的回忆录（不是全部）属于口述历史的变态，亦即另类的形式"。[②]

笔者认同齐红深的观点，廖久明观点有把回忆录概念扩大的问题，回忆录分为亲笔回忆录和口述回忆录，口述回忆录是他人撰写受访者的口述内容，其采集方式类似于口述历史，但是仍然有区别，正如朱志敏认为，从理论上说，口述史与回忆录有诸多区别，口述史被赋予了更高的科学地位，但实践中不少口述史著作似乎并没有达到理论上的要求，名为口述史，与过去的回忆录没有多大区别。[③]

陈墨认为，口述历史与口述自传、口述回忆录的区别在于：口述历史采受双方平等，而口述回忆录、口述自传是由陈述人主导与独白，此外，口述回忆录、口述自传缺乏采访人的注释、提示、评说等 [19]。笔者认为，口述自传的内容侧重点在于个人，与口述历史侧重从个人反映历史是不同的，而口述回忆录在满足遵循口述历史的学科方法时，则可以称之为口述历史。使用口述历史的学科方法，包括采访人应该处于平等或主导的地位，采集过程使用录音或录像，在最终成果中有注释、说明等，最为重要的是，采集者应该具有良

---

① 廖久明. 回忆录的定义、价值及使用态度与方法 [J]. 当代文坛 ,2018(1):92-101.

② 徐雄彬,徐德源编著. 口述历史怎么做怎么样 齐红深的口述历史理论与实践 [M]. 北京 : 新华出版社 ,2016:25.

③ 朱志敏. 口述史与回忆录 [J]. 北京党史 ,2005(6):33-34.

好的口述历史专业训练。

第二节 华侨华人口述史的传播研究

每一种社会群体皆有其对应的集体记忆（Collective Memory），借此该群体得以凝聚及延续①。《身处欧美的波兰农民》把研究对象聚焦于移民②，促成了社会史学家"自下而上"地书写历史。中国归侨、海外华人是世界各国移民中颇具代表性的移民，然而，这些记忆以往长期被学界忽视。研究华侨华人不仅为世界移民提供学理性的参考，同时也有利于保存华夏集体记忆。

集体记忆有赖某种媒介，如实质文物（artifact）及图像（iconography）、文献或各种集体活动来保存、强化或重温。③对华侨华人口述历史的整理，编辑与出版，有助于保留这段集体记忆，该研究具有史料价值、社会效益和现实意义。

一、我国华侨华人口述历史出版物

由中国华侨历史学会于 2004 年启动的"老归侨口述历史"，已

①　Maurice Halbwachs，*On collective Memory*[M]. Chicago :University of Chicago Press,1992：22.

②　[美] W.I. 托马斯（William I.Thomas),[波] F. 兹纳涅茨基（Florian Znaniecki）著；张友云译 . 身处欧美的波兰农民 [M]. 南京：译林出版社 ,2000.03.

③　王明珂 . 华夏边缘：历史记忆与族群认同（增订本）[M]. 杭州：浙江人民出版社 , 2013:24.

有天津、山西、广东、广西、福建、海南、浙江、河北、吉林、湖北、安徽、云南等多个省份各自成书，讲述一代归侨的集体记忆。《风雨人生报国路——山西归侨口述录》《蹈海赴国丹心志——广西归侨口述录》《回首依旧赤子情——天津归侨口述录》《春城侨海情——昆明归侨口述录》等归侨口述史相继出版。

1992 年 6 月—1994 年 6 月期间，我国台湾"菲律宾华人史料基础调查与计划"（Overseas Chinese in the Philippines: a Survey of Sources）^①的成果《菲律宾华侨华人访问纪录》于 1994 年在我国台湾的"中央研究院"近代史研究所出版发行。

2006 年香港大学王苍柏《活在别处——香港印尼华人口述历史》由港诚兴印务公司印刷出版，采访了 20 世纪三四十年代初生于印尼，五六十年代移居内地，70 年代后又定居香港的十位香港印尼华人。

福建省是著名的侨乡，2008 年 11 月中国文史出版社出版《八闽侨心系故园：福建归侨口述录》。厦门华侨历史学会历时八年，于 2010 年由海洋出版社出版了《国门内外——"侨"的口述历史资料》《侨星起落——厦门侨星企业归侨口述历史资料》《竹坝沧桑——同安竹坝农场归侨口述历史资料》，是厦门归侨史的真实写照。2017 年由厦门归国华侨联合会、厦门华侨历史学会共同编著有《厦门天马华侨农场史》出版。

2014 年广东人民出版社出版《从森林中走来：马来西亚美里

---

① "中央研究院"近代史研究所.菲律宾华侨华人访问纪录[M].台北:"中央研究院"近代史研究所,2004.

华人口述历史》，美里是沙捞越州第二大城市，以华族居多，约占55%，本书是当地华人的口述历史，具有较重要的文献价值。

2016年南通市侨联历时一年多，对70名海外新侨、20名老归侨进行访谈，通过口述历史的方式于2018年编辑出版《南通新侨口述史》《南通老归侨口述史》，两本入编"中国华侨历史学会地方侨史文丛"。中山市归国华侨联合会和中山市华侨历史学会编著的"中山归侨故事系列丛书"2017年出版了归侨口述史：《侨路》。

2018年《南洋文库》首套丛书《东南亚华侨口述历史丛编》由广西师范大学出版社出版，丛书总共8册，收录20世纪60年代厦门大学南洋研究所（今厦门大学南洋研究院）研究人员对归国的1000余位东南亚华侨进行的口述采访。

暨南大学华侨华人研究院于2013年成立了华侨华人研究院口述史研究中心，2019年5月暨南大学出版社出版发行《归侨口述史·暨南篇》，由暨南大学国际关系学院/华侨华人研究院编撰，采访曾侨居世界各地、后回中国工作生活的40位暨南大学归侨，展示半个多世纪以来华侨华人在世界各地以及归国以后的人生境遇与历史变迁。

二、华侨口述史出版物存在的问题

（一）口述实录、访谈录与口述历史的概念混淆

华侨华人口述历史中，存在访谈录、口述实录等与口述历史概念混淆的情况。王宇英指出，有时口述历史被误用，甚或乱用，比如有几套很有影响力的口述史著作虽然以口述历史为名义，但实际上

却是访谈录、回忆录甚至是文件的汇编。[①] 陈墨认为，由于口述历史的流行，出现了自传、回忆录与口述历史的杂交情况，且随之也出现口述实录、口述历史的误用、乱用和滥用。[②]

《竹坝沧桑——同安竹坝农场归侨口述历史资料》《国门内外——"侨"的口述历史资料》《从森林中走来：马来西亚美里华人口述历史》等以"口述历史"命名的图书，但是以人物访问交谈记录的"访谈录"方式呈现，《归国与再造侨乡——越南归难侨访问录》是一问一答访问录的呈现方式，名字命名没有蹭"口述历史"的热度。

（二）口述历史编写过程不符合学科规范

笔者认为，判断口述历史图书是否符合学科规范的关键在于，是否掌握并且运用口述历史的学科方法，包括口述历史采集过程使用录音，在最终成果中有注释、说明等，最为重要的是，口述历史的编撰者是否具有良好的口述历史专业训练。

我国华侨华人口述历史书籍不符合学科规范的最明显表现在于，80% 以上的这类口述历史出版物缺乏注释。史料编写的重要一环便是历史考据，然而大部分口述历史的编写者把内容誊抄后，没有进行史料考据，口述历史采集过程有无录音更是无从印证。华侨华人口述史图书的问题还有把口述历史写成故事汇编、个人独特的人生体验缺乏深入挖掘等问题。

---

① 徐雄彬，徐德源编 . 口述历史怎么做怎么样 齐红深的口述历史理论与实践 [M]. 北京：新华出版社 ,2016：23.

② 陈墨 . 自传、回忆录与口述历史 [J]. 粤海风 ,2014(3):24-27.

（三）口述历史图书编辑缺乏读者意识

现今口述历史书籍按照口述历史的人物知名与否，划分为著名人物的口述史和一般人物的口述史。移民、女性、患者、老人等常被宏观建构的历史书写所忽略，这些人群是海内外口述历史学者的关注对象。华侨口述史归为一般人物的口述史，一般人物口述史反映的是一个群体的集体记忆。群体之中既有个性，又有共性，图书编辑时应当在把握个性的同时，注重共性的梳理。

笔者认为有些口述史编写没有读者意识，例如《八闽侨心系故园福建归侨口述录》《春城侨海情——昆明归侨口述录》等，每个部分是以华侨华人名字为目录，名字前有一句话概述，暨南大学的《归侨口述史·暨南篇》直接以人名作为目录，具体内容有待读者阅读寻找，由于这些人物都非知名人士，以人名作为目录索引没有给读者提供信息量。笔者建议这些图书的编写可以借鉴《南通新侨口述史》，根据口述历史人物身份划分为"海外专业人士""海外侨商人士""海归创业人士"，也可以像《从森林中走来：马来西亚美里华人口述历史》当中，把人物分为"工商英才""党政俊杰""社团领袖""文教精英""普罗大众"等，把握共性的同时，减少读者阅读壁垒。

（四）口述历史的采集与编辑缺乏个性捕捉

除了把握共性，在口述历史采集和编排过程中，应捕捉个性。纵观华侨华人口述史，叙事内容有多处雷同，主要体现在，一批年轻学子受到新中国成立的感召，义无反顾回国实现报国梦想，却遭受历次"政治运动"，最终庆幸自己获得安定晚年等。本人所指导的课

题小组"口述历史'下南洋'"口述历史采集中发现，实际上归侨的
生活经历要复杂得多。

《八闽侨心系故园》目录中，有"祖国在我心中，我在祖国怀里
陈宣权口述""祖国永远在我心中　张振民口述"等章节在人物表述
上雷同，如果只是口述人物名字有所区别，那么读者无法从标题辨
别内容的独特性。阅读相应章节可知，陈宣权是华教专家，曾任教
于我国与菲律宾；张振民是菲律宾共产党，曾参与东南亚抗日斗争，
后被党组织调往中国。他们的人生故事有很多内容可以挖掘，可惜
标题没有体现人物的鲜明特征。[①]深挖个人历史贯穿了口述历史的采
集、誊写和编撰的各个过程，不可偏废其一。

三、华侨口述史出版物问题的解决方案

（一）完善口述历史出版物的学科评判标准

笔者呼吁，随着出版发行行业的发展，编辑出版界使用学术术语
的行业标准亟待确立，应明确严谨规范地使用学术术语的行业准则。
笔者认为，判断一个口述历史出版物是否名副其实至少应满足以下
几条标准：

（1）有系统长期的声音采集过程，采集者在采访过程中作为主
导，有录音、录像等以备查阅，明晰版权所属，与被采访人签订协议。

（2）对录音、录像等进行了忠实于口述者的誊写，在文中对相

---

① 　林明江，林晓东编.八闽侨心系故园　福建归侨口述录 [M].北京：中国文史出版
社 .2008(11):95-110，553-561.

应部分有注释、说明等。

（3）各篇章、系列体例清晰、完整、一致，在文中清晰标注采访的时间、地点等重要信息。

欧美国家、新加坡、我国台湾地区等地都形成了一套规范的口述历史采集流程和评判标准，由于我国口述历史在我国大陆实践时间较短，亟待形成行业公认的操作规范。

（二）提升口述历史图书编辑的思想觉悟与专业水平

提升口述历史图书编辑专业水平的关键在于，在思想上提高认知与觉悟，从理论上了解学科的界定范围，从实务上学习口述历史图书编辑的原则与标准。目前对口述历史内容的编写有以下两种方式：

（1）实录稿：把逐口述人说的每一个字都誊写出来，包括口述人的停顿、重复等。有学者认为，这些透露出受访者内心的活动和情感变化等也应该写于文中。

（2）删减稿：把口述稿当中的内容适当删减，在不影响原文表达的前提下，可以适当增加个别字，用括号注明即可，使口语转书面后，阅读起来更加流畅。

笔者推崇使用删减稿对口述内容编写，删减稿能够在最大限度保留口述内容的同时，保证行文的流畅，必要时可以保留实录稿中口述人语言的重复、停顿及副语言等。

（三）增加华侨华人家族史、代际史的收集

口述历史帮助那些没有特权的人，尤其使老人们逐渐获得了尊严和自信。在它的帮助下，各阶级之间、代与代之间建立起了联系，继而建立起了相互理解。①

崔永元曾经做西南联大两位学生的访谈，徐守源与张定华，他们是一对夫妇，两人的口述历史相互补充，构成了同一时代不同视角的历史。华侨华人的口述历史采集工程非常庞大，口述史图书多是由不同区域、不同单位采集的，这些口述史是有地理区间和人数范围。但是纵观华侨华人口述史，鲜有采访侨眷或朋友的。不同年代、不同经历的几代人，其思维方式、生活经历、族群认同是如何的，他们的家庭关系、代际互动又有什么特点，亟待相关研究。华侨华人家族到后续几代有何变化，他们记忆中有哪些相互印证、补充或选择性遗忘的史料，这些都值得深究。

（四）注意区分归侨、新侨、华侨、华人等概念

《中华人民共和国归侨侨眷权益保护法》第二条规定："归侨是指回国定居的华侨。"20 世纪 40 至 60 年代约 20 年间是海外（主要是东南亚地区）华侨大批归国的时期，我们今天所说的老归侨，大体是指这个特定时期的归侨群体。②华侨归国是"再移民"的一种形式，归侨同样存在迁出地和迁入地、原乡的融入与他乡的眷恋等问题。

《南通新侨口述史》使用了"新侨"的概念，但书中没有给出定义与范畴，根据《新侨回国来沪创新创业指南》中介绍，新侨是个广义的概念，既包括新华侨华人和华裔新生代，也包括留学生、归

---

① ［英］保尔·汤普逊，覃方明、渠东、张旅平译.过去的声音——口述史 [M].沈阳：辽宁教育出版社，2000.

② 南通市侨联编.南通老归侨的口述史 [M].北京：中国华侨出版社，2018(4)：1.

国留学人员及海外高层次留学人员。① 但是这一概念还未有公认的学术定义。口述史是一门严谨的学科，相关书籍的取名应该慎重。

华侨是指定居在国外的中国公民。华侨加入或取得住在国国籍，就自动丧失了中国国籍，成为具有中国血统的外国籍人，即外籍华人，简称"华人"。②《华人妇女与香港基督教口述历史》口述对象都是我国内地出生，香港生活的中国籍妇女，该书是由香港中文大学的两位教师编撰，出版于 2010 年，此时香港已经回归祖国，使用"华人"一词不恰当。

四、新时代华侨口述历史的采集方法与思考

（一）提升华侨华人口述史数据库建设意识

大数据时代，大数据指不用随机分析法，而采用所有数据进行分析，数据即讯息。③ 这就要求建立起庞大的，可网络获取的口述历史数据库，建立数据库有助于把握我方话语。新加坡口述历史中心的大多数音频数据化，数据库有 3 大馆藏：海峡定居记录、海外记录和私人记录等，可依据这些口述历史出版有相关书籍。

厦门大学南洋研究院的《东南亚华侨口述历史丛编》一套八册，收录了印度尼西亚华侨、马来西亚、新加坡华侨、柬埔寨归侨等的

---

① 新侨来沪创新创业服务指南 . [OL/DB].http://www.shanghaiql.org/shql/n65/n70/n72/n78/u1ai10114.html.

② 华侨、华人的定义及基本情况 . 中央统战部网站 [OL/DB].http://www.zytzb.gov.cn/gathwzccs/252874.jhtml.

③ Viktor Mayer-Schönberger, Kenneth Cukier Eamon Dolan. *Big Data*[M].Eamon Dolan, Houghton Mifflin Harcourt, 2013:23-24.

口述历史，①50 余年之后这批史料的影印版编辑成册发行，厦门大学图书馆将其电子版保存，丰富的史料得以永久保存与对外传播。结集成册的手抄笔记是以其影印版呈现，需要读者辨认字迹，笔者建议后期再版可以把手抄笔记转录为电子文档，在保留影印版文字的同时，增加电子版打印文字，提升信息获取的便利性。

（二）创新新时代口述历史采集的方法

美国布法罗大学历史系教授 Michael Frisch 在 2020 年 11 月 8 日的口述历史国际周上说："刚刚结束的美国的口述历史协会会议上，最热门的话题之一是我们如何提高在不同地方的远程采访能力。"②

2020 年初，国内几个大型口述历史工程因为疫情影响不得不暂停，笔者所指导的口述历史的采集工作也遇到困难。笔者指导的口述历史团队发挥新闻学等相关专业特长，将面对面访谈改为线上声音采集。团队多次与受访者联系沟通后，邀请他们通过微信语音进行采访，请对方用录音设备同步进行声音录制，并提前告诉受访者，如因信号错误可能会重复提问，望他们谅解，由于前期做过多次推演，实

---

① 厦门的大学南洋研究院 . 东南亚华侨口述历史丛编 [M], 南宁：广西师范大学出版社 ,2018：4.

② 2020 年 12 月美国布法罗大学历史系教授 Michael Frisch 在第六届中国口述历史国际周评议笔者的论文 *Media Practice and Theoretical Exploration of Oral History in Post-epidemic Times* 给予肯定。"We are doing the oral history research under remarkably different experience. In the different contexts with different constraints and all sorts of things, obviously, it's very hard to do in person interviews, especially in the era of epidemic. Certainly I just came from the Oral History Association Meetings in the US, I would say one of the hottest topics is the question of how do we develop greater capacities for remote interviewing in different places."

践过程非常顺利，疫情期间录制的节目推出后，同样反响热烈。

如今，虽然不同年龄段华人的国家认同各不相同，但普遍认同其为"华族"。海外华人也是炎黄子孙，然而这部分移民的集体记忆常常被历史记载忽略。凝聚华夏的是集体历史记忆，由此产生的族群感情模拟同胞手足之情，这是族群认同根基性、情感的一面。[①] 通过采访中国归侨与海外华人，记录他们的讲述过程，发掘背后的历史背景，探索历史对当今社会的影响，重新唤起、记载老一代人失忆的部分，在不同代际中传递家族与民族记忆，更加地明晰"华夏边缘"。因此，采集华侨华人的口述史具有现实意义，然而长期以来媒体的缺位，导致华侨华人的口述史多以书面形式出现，缺乏更广泛的传播力。在移动互联网时代，面临突如其来的疫情，如何利用新媒体探索新的口述历史采集方式，创新传播方式方法，达到更广泛的视听觉传播效果，亟待实践与研究。

第三节　融媒体环境下口述历史"下南洋"的实践探索

笔者于 2019 年 9 月—2020 年 7 月指导团队进行东南亚华侨华人口述史工程"口述历史'下南洋'"[②]，并基于此制作广播系列节目《口

---

① 王明珂. 华夏边缘：历史记忆与族群认同（增订本）[M]，杭州：浙江人民出版社，2013:313.

② 团队成员为厦门理工学院 2016 级播音主持专业黄梦婷、黄仕铃、陈林莉、刘文轩、陈玉鹭五位学生。文内有部分内容为笔者指导学生的毕业论文。

述南洋》，节目在微信公众号"口述南洋"上传播，并配以文字、图片、视频等多媒体传播内容。本节以笔者所指导的团队做的口述史"下南洋"为例，从现代口述史的采集技巧、承载形式、传播渠道等进行探讨，对口述史进行媒介实践与理论探索。本节还对技术创新与现场感营造、信息安全与传播伦理、媒介加工与历史真实、家族史与代际差异、疾痛叙事与后疫情伤痛等前沿问题进行剖析。

口述史学在我国属于新兴交叉学科，人类学、社会学、民族学、民俗学、史学、传播学等各个学科的学者发挥本学科特长，对该学科的发展做出了贡献。2004 年 12 月，中华口述历史会成立，标志着"口述历史"作为一门新兴学科在我国内地兴起。[①] 然而学者们更热衷于介绍和讨论它的理论和方法，长期投入的实践者却反而人数不多。[②] 本书基于笔者负责的教育部课题展开口述史的实践与研究，访谈不同年龄段的"下南洋"亲历者，结合新闻传播学的专业特长进行媒介实践，探索口述史的媒介呈现与媒介传播。

一、口述史的媒介实践

（一）已有口述史的媒体实践

"当下新的数字技术（也）正在改变我们记录、解释、分享和呈现口述历史的方式"，并因此引发了口述史学领域新的范式革命。[③]

---

① 邓绍根 . 口述历史 : 我国新闻史研究的创新路径 [J]. 青年记者 ,2017(25):69-71.

② 定宜庄 . 口述史 : 艰辛的实践体验 [J]. 博览群书 ,2010(02):4.

③ Thomson, Alistair. Four paradigm transformations in oral history [J].*The Oral History Review,* vol. 34, no. 1, 2007.

伴随着数字化时代的到来，新媒体快速发展，信息高度融合，传播手段和传播途径的不断扩宽，给口述历史的存储与传播带来了更大的便利性，口述历史便应时所需由手抄本的文字记录逐渐转变为录音带、录影带模式。①

从采编制作来看，口述历史的采集，已经从最早的文字记录，发展到可以运用数字技术实现文字、录音、录影等多种方式同步记录，最大限度还原了口述者的语言与副语言。从传播方式来看，伴随着智能手机、平板电脑、网络电视等移动终端的出现，口述历史的传播方式已经从单向、线性传播模式向多向、互动模式转变，大众根据所需对口述历史信息进行搜索成为可能。

就全球的口述历史保存与传播现状来看，口述历史常作为研究资料和档案库陈列，移动互联网时代人人可搜索获取的口述历史资源少。如果口述历史仅仅是存在历史档案馆的磁带，则无法适应新时代信息大众获取、其他学者研究的需求。大数据时代，大数据指不用随机分析法，而采用所有数据进行分析，数据即讯息。② 这就要求建立起庞大的，可网络获取的口述历史数据库，建立数据库有助于把握我方话语。数据库是一种话语，数据库的建设可以实现更低成本和更高效率的话语把控。③

我国口述史大众媒体实践始于 21 世纪初，媒体出身的学者做口

① 刘阳.影像如何记忆——中国口述历史纪录片研究 [J].声屏世界,2016(12):42-44.

② Viktor Mayer-Schönberger, *Kenneth Cukier Eamon Dolan. Big Data*[M].Eamon Dolan, Houghton Mifflin Harcourt, 2013:23-24.

③ [美] 马克·波斯特.第二媒介时代.南京：南京大学出版社 [M],2001：85-93.

述历史的媒介实践具有优势。以往，新闻记者往往长期保留原始的录音带和笔录，而访谈要成为口述历史，必须是经过录音、做过特别处理后保存在档案馆、图书馆或其他储藏处，或者经过几乎逐字重制地方式出版。[①]2002年起崔永元开始策划制作"口述历史"项目，成果包括了《电影传奇》《我的长征》《我的祖国》《我的抗战》等纪录片。[②]2012年2月，崔永元与中国传媒大学与合作成立"中国传媒大学崔永元口述历史研究中心和口述历史博物馆"。人民日报、中国青年报、上海电视台、凤凰卫视、中国雅虎、腾讯、优酷等报纸、电视、移动互联网等大众传播媒介也开设有口述历史的节目、专栏等。

（二）文化节目融媒体呈现

本书课题组选取"下南洋"作为口述历史题材，制作文化类广播节目与纪录片风格视频，顺应了近年来我国文化类节目发展迅猛的趋势。我国文化类的节目根值我国深厚的文化根基，体现了"文化自信"的应有之义。

近年我国文化类节目保持口碑与收视率双丰收，且多为原创节目。电视节目方面：从中央电视台十套的《百家讲坛》《读书》（原《子午书简》）等零星几个文化类栏目的断续发展，到近年来中央电视台《中国汉字听写大会》《中国成语大会》《中国诗词大会》《朗

---

① ［美］唐纳德·里奇（Donald A.Ritchie）.大家来做口述历史 [M].北京：当代中国出版社，2006（01）：8-9.

② 张侠.崔永元和他的"口述历史"透过历史看到未来的 [N].人民日报海外版，2011-05-16.

读者》《国家宝藏》等引发现象级关注，再到地方台推出的文化类节目：湖南卫视的《百心百匠》《儿行千里》、东方电视台的《诗书中华》《喝彩中华》、安徽电视台《少年中国派》、浙江卫视《汉字风云会》等热播，这几年电视文化类节目的发展势头迅猛，2019年《经典咏流传》第二季获得收视率和口碑双丰收。新媒体节目方面：优酷走在了原创文化类新媒体节目的前列，高晓松的《晓说》、梁文道的《一千零一夜》、陈丹青的《局部》、马世芳的《听说》、窦文涛的《圆桌派》、马未都的《观复嘟嘟》等节目，由于节目体量小，选材宽广，很多节目已经推出2—3季，用户粘性强。

在众声喧哗的时代，如何把口述历史创作成文化类节目，在众多节目中脱颖而出？课题组运用微信公众号作为传播平台，选取不同年龄范围的口述人物，围绕口述历史"下南洋"这一主题展开，微信推文的标题拟订使用与之相关的主题关键词，并注重标题的简洁，兼具信息到达率与形式美感。

2019年11月13日
发送完毕 ▾
　　第一篇推文|初次见面，愿您指教。
　　◉ 2649　　✿ 137

03月18日
发送完毕 ▾
　　已修改　第四篇|从无到有
　　◉ 1709　　✿ 30

02月13日
发送完毕 ▾
　　归侨路，赤子心|第三篇
　　◉ 1486　　✿ 53

04月26日
发送完毕 ▾
　　已修改　无可比拟的决定|第五篇
　　◉ 1538　　✿ 63

05月18日
发送完毕 ▾
　　原创　第六篇|新的起点，从"新"开始
　　◉ 1271　　✿ 24　　⎘ 0

昨天 18:30
发送完毕 ▾
　　原创　身在南洋，心有华夏|第七篇
　　◉ 1305　　✿ 39　　⎘ 0

图2："口述南洋"公众号系列推文 ①

二、东南亚华人口述史的价值

　　2013 年习近平总书记在印度尼西亚演讲时首次提出共建二十一世纪海上丝绸之路的倡议。② "一带一路"的重点建设地区是东南亚，

---

① 黄仕铃. 口述历史《下南洋》之公众号运营与视频剪辑 [D]. 厦门理工学院，2020.6.
② 《习近平谈"一带一路"》主要篇目介绍. 新华网 [EB/OL].2018–12–11.

福建省是海上丝绸之路的起点，华侨华人通过"下南洋"，串联沟通了两地。早在元末清初，我国就陆续有人为躲避战乱、生存发展前往东南亚诸国，史称"下南洋"。

长期以来，南洋国家的华侨华人依托自身经济实力、当地影响力，积极响应"一带一路"倡议的需求，为共建新时期海上丝绸之路发挥重要作用。口述历史"下南洋"的采集，可以为海上丝路沿线东南亚地区诸国经济、历史、社会、文化等的研究提供新的研究资料、思路和线索，为学术研究提供有益参考。

与东南亚的相关研究可见于以下四个领域学者论述中：

第一领域：西方东南业区域研究者，涉及东南亚华人研究。东南亚区域研究以康奈尔大学、耶鲁大学、南加州大学等为代表，发展受到西方政治影响。最为知名的是本尼迪克特·安德森（Benedict Anderson）系列著作。冷战时期，由于西方阵营政府的经费支持导向，东南亚区域研究成为学术热点，施坚雅（G. William Skinner）埃利奥特（Alan J. A. Elliott）弗里德曼（Maurice Freedman）维尔莫特（Donald E. Willmott）阿米欧（Jacues Amyout）等，多从人类学等学科领域，把研究对象聚焦于东南亚华人。

第二领域：西方的汉学家，他们多从外部视角研究华人的移民史，涉及东南亚华人移民问题。例如：孔飞力（Philip Alden Kuhn）《他者中的华人：中国近现代移民史》，现任哈佛大学费正清（Michael A. Szonyi）中国研究中心主任的宋怡明《明代军事制度和东南亚华侨史》。

第三领域：东南亚华人学者。知名学者王赓武、廖建裕等把问题研究着眼于东南亚华人等。

第四领域：海峡两岸暨香港台湾学者。我国对东南亚的研究，主要有暨南大学、中山大学、厦门大学、台湾政治大学和香港城市大学等东南亚研究中心的学者，主要围绕东南亚政治、经济、文化、社会等方面展开研究，研究宏观问题的较多，研究平民视角较少。

梳理国内外学术史可以发现，海内外研究者往往根据自身的学科背景与国籍族裔选择不同的研究视角。随着其研究领域与身份逐渐靠近观察对象，观察的视角从外部逐渐转向内部，海内外华人学者，特别是东南亚华人学者和我国侨乡学者研究东南亚华人具有优势。

每一种社会群体皆有其对应的集体记忆，借此该群体得以凝聚及延续。[1]。《身处欧美的波兰农民》把研究对象聚焦于移民[2]，促成了社会史学家"自下而上"地书写历史。移民、女性、患者、老人等常被宏观建构的历史书写所忽略，这些人群是海内外学者口述历史研究的关注对象。东南亚政界和学界等称呼东南亚的华人为东南亚"华族"（Ethnic Chinese）[3]，这是世界各国移民中颇具代表性的族群，然而，这段记忆长期被学界忽视。研究东南亚华人不仅为世界移民中重要的一支——东南亚华人提供学理性的参考，同时也有利于保存

---

① Maurice Halbwachs, *On collective Memory*[M].University of Chicago Press,1992:22

② [美] W.I. 托马斯（William I.Thomas），[波]F. 兹纳涅茨基（Florian Znaniecki）著；张友云译. 身处欧美的波兰农民 [M]. 南京：译林出版社，2000.3.

③ 见于李光耀、廖建裕等人的媒体采访或论述。

华夏集体记忆。

党的十九大报告明确将"中华民族共同体意识"确定为现代中国国家治理的一个核心理念。长江学者王鉴认为,"中华民族共同体意识"的含义包括:全世界华人以中华民族共同体意识为基础,解决好中华民族与世界其他民族发展的人类"命运共同体"问题。[①]如今,东南亚各国华人虽然不同年龄段人群的国家认同各不相同,但普遍认同其为"华族"。东南亚华人也是炎黄子孙,然而这部分移民的集体历史记忆常常被历史记载忽略。凝聚华夏的是集体历史记忆,由此产生的族群感情模拟同胞手足之情,这是族群认同根基性、情感的一面。[②]通过采访福建省内与"下南洋"这一历史事件有关的当事人,记录他们讲述过程,发掘背后的历史意义,探索对于现代社会所产生的影响,也为了让老一辈回忆过往,让年轻一辈学习历史,重新唤起、记载一代人失忆的部分,有助于更加地明晰"华夏边缘"。

我母亲的爷爷是一个地道的南洋华侨,早年因回国探亲就带着印尼妻子一同回来,此后便在福建福清扎根,但由于过去没有太多照片与记录这些事情的方法,加上老人的离世,生活地点的改变让这些独一无二的南洋记忆成为了过往,我身为晚辈对于这些故事充满好奇,但一无所知,且无处可寻,更加坚定了我要将这些可能被尘

---

① 王鉴.中华民族共同体意识的内涵及其构建路径[J].中国民族教育,2018(04):17-20.

② 王明珂:华夏边缘:历史记忆与族群认同(增订本)[M].杭州:浙江人民出版社,2013:313.

封的记忆，让那些在历史上没有声音的普通人留下痕迹。

——口述史"下南洋"采集人黄梦婷口述[①]

集体记忆有赖某种媒介，如实质文物（artifact）及图像（iconography）、文献或各种集体活动来保存、强化或重温（王明珂，2013：24)。[②] 口述历史"下南洋"有助于保留这段集体记忆，该研究具有史料价值、社会效益和现实意义。

三、后疫情时代口述史的媒介实践

在前期访谈中，不同时代"下南洋"的华人所经历的历史、社会、现实等有巨大差异，"下南洋"也有不同的人生际遇，因此笔者指导团队将口述人物分为四个不同年龄段：扎根（70 岁以上，定居在东南亚国家）、归来（50—70 岁，回到中国）、发展（30—50 岁，往返于中国和南洋国家经商）、新生（30 岁以下，东南亚华侨后代）。不同年龄段选取不同口述人物，团队在进行历史采集过程中，使用口述历史的学科方法，把口述历史音频资料整理完善后，制作成适宜大众传播的广播节目。为了适应移动互联网的传播特点，团队选取公众号作为节目首发平台，每期推文把闽南语、普通话双语广播节目作为重点，并配以图片、文字、视频等，以一定主题贯穿。

---

① 黄梦婷.口述历史《下南洋》之广播节目主持与音频剪辑 [D].厦门理工学院，2020.6.

② 王明珂.华夏边缘：历史记忆与族群认同（增订本）[M].杭州：浙江人民出版社，2013:24.

团队目前推出了 12 期推文，除了 8 期南洋华侨人物口述历史还加入 1 期下南洋历史科普介绍和 1 期花絮合集，同时，还根据国家节假日及热点事件进行不定期内容加更和节日活动推广等。

公众号四个年龄段对应四大主题，各主题内有多期推文，每期公众号推文包括闽南语、普通话双语广播节目《口述南洋》、历史背景知识、相关历史图片以及纪录片风格视频等。闽南语和普通话双语广播节目是核心内容，运用多媒体方式呈现口述历史"下南洋"内容。

2020 年初，口述历史的采集工作因突如其来的新冠疫情而遇到困难，根据笔者了解，国内几个大型口述历史工程因为疫情影响，不得不推迟采集工作。笔者团队对现有条件进行评估，决定结合广播电视等相关专业特长，将面对面访谈改为线上声音采集。

（一）采集技巧

1.疫情时期隔空对话的实现

团队原计划赴北京、新加坡、马来西亚等地进行口述历史采集，但由于我国与东南亚彼时都处于疫情防控阶段，人员不方便流动，后决定用网络采集口述，并在声音采集之前做了细致的准备工作，线上采集的口述历史推出后，同样获得了良好的反响。虽然移动互联网的发展使隔空对话更加便捷，然而由于口述历史声音采集的特殊性，在疫情期间做好预案、推演就显得尤为重要。

团队前期预想了几种出现的问题：

（1）信号卡顿。口述历史的声音采集时间较长，可能出现信号卡顿的情况，需要对话双方提前沟通好，可能需要多次提问和回答。

（2）背景白噪音。团队之前面对面的声音采集有专业的录音设备，可以最大程度地消除背景声音的白噪音，隔空对话需要受访者在家里寻找较为安静的地方接受我们的声音采集。

（3）信息缺失。远距离传输可能导致受访者声音质量不高，内容有缺失。解决的办法就是采用双向录音的方式，提前跟受访者商量，在我方利用专业录制设备进行录音的同时，请他们在采访过程中也利用录音设备帮我方团队同步录制声音，最终在后期剪辑再根据需要进行内容取舍。

团队在多次与受访者联系沟通后，邀请他们通过微信语音进行采访，请对方用录音设备同步进行声音录制，并提前告诉受访者，如因信号错误可能会重复提问，望他们谅解，由于前期做过多次推演，实践过程非常顺利，疫情期间录制的节目推出后，同样反响热烈。[①]

团队采集口述内容主要通过微信语音的方式采集，笔者认为可以改进口述历史的采集方式为线上视频或者线上会议的方式，模拟传统口述历史采集的面对面沟通方式，提升口述历史的采集效果。

2. 声音采集的引导与技巧

对于这些"下南洋"的口述者，应该给予他们最大的尊重，因此，笔者总结出，在采访过程中需要注意的几点内容如下：

（1）与受访者建立信任感。一定要保持最真诚的态度面对每一位受访者。而对于年事已高的老人更要时刻记住："与老人接触，需

---

① 黄梦婷. 口述历史《下南洋》之广播节目主持与音频剪辑 [D]. 厦门理工学院，2020.6.

要的是真诚，他才会觉得你关注他理解他，从而愿意与之分享自己的人生。"①

（2）要学会倾听。口述历史与媒体采访的信息采集方式不同，口述历史要尽可能还原口述者的口述历史过程，切忌随意打断、打扰口述者，而媒体采访为了节目的信息量，需要运用打断、追问、引导和插话的采访技巧。笔者认为，当你获得受访者的信任后，他便会将过去的很多故事进行述说，此时切忌打断对方，哪怕对于某一个点有许多问题想要询问、探究，都要等到对方将这一话题结束再进行提问。团队在口述历史的采集过程中遵循口述历史的实践规范。

3. 小人物故事引发共鸣

许多文史类节目通常都会将某一段历史知识做大篇幅的介绍，对于听众来说会感到枯燥无味。口述历史的信息采集过程应该严谨客观，然而在媒介表达过程中应该在保证信息传递准确性的同时，吸引观众关注。

在正式采访之前，要尝试尽可能地激发受访者想要主动表达的欲望，让他们能够在过程中将所有不被人知晓的历史阐述出来。在采访过后，则需要将所有的素材再次整理，根据故事发展的逻辑线索进行整合。"口述南洋"从受访者亲身发生的故事情节展开，通过讲述者最为真实的情感表达激发听众对于这段内容的兴趣。

（二）承载形式

电视、视频，特别是广播与电视的发展，产生了系列历史作品，

---

① 边巍．崔永元：期待建立一座口述历史博物馆 [J]. 文化纵横 ,2010(06):40-45.

影响了大众对于历史的认知，使古老的口述史摆脱了文字文本的束缚，焕发出无限的活力。① 以往的口述历史多是通过书籍承载传播，但传播覆盖面相对较小，获取存在一定壁垒。大型纪录片往往投入大量人力、物力，耗时多、制作周期长，虽然可以通过发行获得一定的收益，然而存在收益难以覆盖支出，传播范围受限等问题。

受乔治·K.齐普夫的"最省力的原理"的影响，施拉姆提出"媒介的选择或然率＝报偿的保证／费力的程度"，分母主要同可得性以及使用传播途径的难易有关。② 在疫情期间，由于人的物理空间移动距离变小，对大众来说，在网络上能够轻易地搜索并获得资讯显得尤为重要。

1. 口述历史的多媒体呈现

只有打破媒介获取的难度，运用数字化和多媒体技术进行制作，以多媒体形式综合呈现，可以提高传播时效性，扩大传播范围，大幅提升影响力。

在特定主题内容的传播上，单一的声音或画面已不足以给受众提供较为完善的感官体验。因此，将声音、画面、文字等多媒体融合，在推文中既有广播内容，又可以看到本期主人公的采访视频，还有相关图片和文字介绍，可以从听觉与视觉两方面最大程度上还原口述历史采集过程，为用户获取信息提供多种选择性。

---

① Dan Sipe, "The future of oral history and moving imagines" [A] .in Robert Perks and Alistair Thomson (eds.) *The Oral History Reader*[C] .London: Routledge, 2003：379.

② [美]施拉姆（W.Schramm），波特（W.E.Porter）著，陈亮、周立方、李启译.传播学概论[M].北京：新华出版社，1984.09：114.

2. 闽南语与普通话双语呈现

闽南话源于河洛流域，随着人口迁移，流播至福建南部，发祥于泉州。现主要分布地除闽南三市（泉、厦、漳）和台湾地区外，还广泛适用于……东南亚的大部分华人社群。[①] 传统的闽南语节目，停留在歌仔戏、讲古等节目的播放上，形式单一、缺乏新意，难以吸引年轻人的关注。新媒体环境下闽南语节目的传播应构建新型节目样态，在具体的语境下表达出来的语言才能更生动有趣。[②] 课题组口述历史的呈现作品分为普通话和闽南语两个版本，这是因为：

其一，福建省老一辈闽南、东南亚籍贯福建（今我国闽南地区）的华人，不太听得懂普通话，可以运用闽南语使他们接触到这段口述历史。

其二，能够把口述南洋的作品与闽南文化相结合，让更多的人知道闽南语还可以有不一样的表现方式，吸引大家对闽南语的兴趣。

其三，语言是文化的载体，大众在了解南洋历史的同时也能够传播闽南文化，通过语言引发情感认同，联接中国大陆与台湾、东南亚等地同胞的情谊。[③]

3. 故事逻辑与剪辑

一档优秀的口述历史媒介作品，除了前期策划、采访过程的用心准备外，后期制作能够起到画龙点睛的作用，团队的口述史的媒

---

① 张苹. 浅谈闽南话与"台语"播音主持的异同 [J]. 新闻传播, 2017(06):90-91.

② 周秀杰. 闽南语文化视听传播的问题与对策 [J]. 厦门理工学院学报, 2017,25(04):20-25.

③ 陈玉鹭. 口述历史《下南洋》之闽南语主持与摄像 [D]. 厦门理工学院.2020.06.

介内容制作中，一期节目需要无数次地重复修改，一个 15 分钟的音频要花上 10 个小时左右的时间剪辑，笔者也多次邀请业界朋友指导点评。从实践上看，拍摄素材的取舍选择对创作成果产生重要影响，需要把握好以下几点：

（1）要提前明确逻辑结构。课题组确定叙事模式为解说加画面，在剪辑结构上选择了时间轴"顺序"的排列方式，使受众对事物逻辑有清晰的认知。

（2）要注重把握关键时间节点。历史记录很多素材内容较为冗长枯燥，需要抓住关键性的时间点为线索，层层递进。

（3）要注重保持叙述完整性。剪辑过程中发现缺失的部分，采取了镜头补拍等进行内容补充，通过留存至今的老照片、影像、书信等进行细节的历史还原。真正重要的是每个画面停留的时长，以及紧随其后每个画面延续的长度，影像的全部力量是在剪辑室里获得的。[①]

（三）传播渠道

智能手机重塑空间和时间，使公共空间私有化、私人空间个人化（杨伯溆，2007）[②]。团队前期针对口述史的传播渠道选择进行前期调研，307 参与问卷调查，其中，各种媒介使用时长最长的 App 见图 3，其中有 154 位都选择了"微信"为手机使用时长最久的 App。

---

① ［加］迈克尔·翁达杰.《剪辑之道》[M].北京：北京联合出版公司，2015：207.
② 李理，杨伯溆.公共空间私有化与私人空间个人化：手机在城市空间关系重构中的角色 [J].北大新闻与传播评论，2007（3）：70-75.

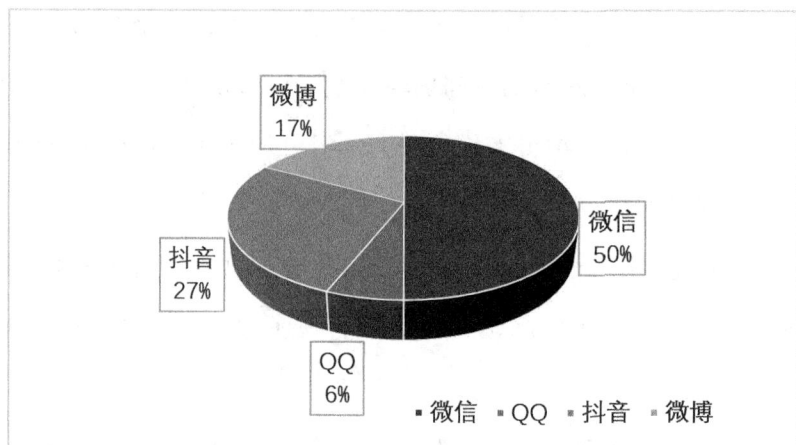

图 3：口述史传播渠道使用时长最久的 APP[1]

1. 公众号的传播与实现

随着移动互联网技术的快速发展，许多即时通信产品被不断开发和推广。根据中国互联网络信息中心（CNNIC）发布第 45 次《中国互联网络发展状况统计报告》，截至 2020 年 3 月，我国网民规模为 9.04 亿，其中手机网民规模达 8.97 亿，全国网民使用手机上网的比例达 99.3%。[2] 截至 2020 年 3 月，微信及 WeChat 的合并月活跃账户数 11.65 亿，同比增 6.1%。[3] 微信已成为我国用户当下广泛使用的社交平台之一，本公众号对订阅者定位较广，是 20—60 岁的用户。"口述南洋"微信公众号平台的运营实践有如下经验：

---

① 黄仕铃 . 口述历史《下南洋》之公众号运营与视频剪辑 [D]. 厦门理工学院，2020.6.

② 第 45 次 CNNIC 中国互联网报告发布 [J]. 中国广播 ,2020(04).

③ 腾讯控股：微信及 WeChat 合并月活数 11.65 亿 同比增 6.1%[OL]. 新浪网，2020（03）.

（1）加强公众号头像设计。公众号的头像设计先后进行了二次改版更新，第二版图片以用简约白色作为底色，搭配上橙黄色字体与山水诗情画意的元素来更加突显"口述南洋"公众号的定位与特色。

图 4：公众号设计的头像

（2）把握好发布时机。根据课题组前期调查问卷结果显示，每天 8:00、12:00、21:00 三个时间段的微信使用率最高，公众号曝光率也可以相应的达到高点。所以该公众号的推文发布时间都选择在这几个时间点左右，以达到更好的点击率阅读量，推送频率保持在每两周一次。

（3）运用多种模式传播。向订阅账号的用户们进行信息内容推送，再由多级用户账号分享至朋友圈或交流群等，实现更大范围的传播效应，从人际传播拓展为群体传播，直至达到大众传播目标，这种模式在"口述南洋"微信公众号的传播效果较为显著，在第一篇推文就达到 2600+ 阅读量。[①]

---

① 黄仕铃 . 口述历史《下南洋》之公众号运营与视频剪辑 [D]. 厦门理工学院，2020.6.

197

通过既定内容的创作和发布，在五个月的时间里，我们共计总用户关注数量为 1245 名，通过微信公众平台后台的数据分析功能，可以看到如图 5，共计文章阅读量为 1.8 万。渠道分布数据分析，朋友圈分享占比 42.1%，公众号消息推送占比 28%，聊天会话占比 11.4%，其他渠道占比 9%，历史消息查看占比 5.8%。

· 渠道分布 ·

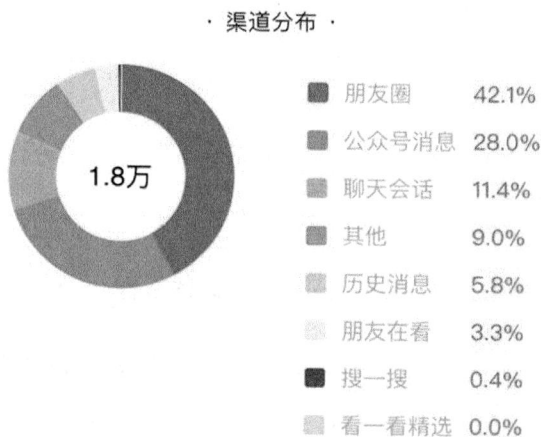

图 5："口述南洋"公众号后台数据分析 [①]

2. 网络多渠道传播

现有的公众号信息推送大多数都是以图文为主，原创音频和视频结合的推送较为少见，所以该公众号采取音视频同步推出的形式。通过调研发现，微信公众号的用户基数大，使用群体多，但是单一的传播渠道难以在通过媒体联动增加辐射面。

"口述南洋"公众号还使用"荔枝 FM 电台"为传播途径，开设

---

① 黄仕铃 . 口述历史《下南洋》之公众号运营与视频剪辑 [D]. 厦门理工学院，2020.6.

了同名账号，将公众号上的广播音频作品上传，将微信和线上广播媒介结合，大大增强其传播范围和影响力。短视频、微视频是当今最为热门的信息传播方式，团队打算接下来使用这种方式进行推广。

3. 线上线下推广

除了微信公众号与荔枝 FM 的音频推广外，团队还注重线下推广。选择了有声明信片作为线下传播载体，一套 6 张，明信片正面是人物访谈照片，背面主要包括：邮编、邮票的粘贴处、寄语、"口述南洋"公众号的标志以及普通话与闽南语双语二维码，大众可以通过扫描明信片背面的二维码在线了解采访嘉宾的个人信息，此外，消费者还可通过扫描二维码进入"口述南洋"公众号中相关人物的推文。

后期配合线上运营活动推广。在博物展览、文创展览等线下平台，展示明信片，通过实物载体，通过二维码扫描连接虚拟的线上声画，提升了口述历史的到达率。

明信片的文案如下：

如今我的根找到了，梦也实现了，只要生命不息，我的爱国心就永不止。

——明信片（一）（印尼归侨肖国才口述）

我们是华人、中国人，不管我们到哪里去，都要学好我们自己的母语和文化。

——明信片（二）（印尼华侨魏明灯口述）①

———————————

① 陈林莉. 口述历史《下南洋》之有声明信片配音与设计 [D]. 厦门理工学院. 2020.06.

在较短时间内，微信公众号运营稳定，粉丝数破千，总阅读量破万，目前数据还在不断增长。伴随着传播范围的扩大和影响力的增长，已经有包括华侨学校、研究爱好者、电视台在内的个人或单位和团队寻求进一步合作沟通。

四、后疫情时代口述历史相关问题探索

（一）技术创新与现场感营造

课题组在保证口述历史完整的同时，追求媒介呈现的高科技表现手段，努力使口述历史素材焕发新的活力。音频方面，借助 3D 环绕的效果，让听众能够在收听广播节目的同时，更加身临其境地感受当下的氛围，而视频制作，希望将来能够融入 5R，将所有的视频处理为 VR 设备影像，观众带上专业眼镜，可以在收看的同时成为历史的一位见证者。

此外，团队还希望能够根据现有采访者的讲述，寻找更多相关历史影像资料，利用现在的影像还原技术，将静态图片转换为动态影像，带给受众更为直观的视觉效果及体验。

（二）信息安全与传播伦理

近年来，随着国内对口述历史重视程度的提高，我国口述历史的发展逐渐呈现出多元化的发展趋势。口述历史书籍的层出不穷，研究群体的不断扩张，高校、研究机构和个人都纷纷投入到口述历史的研究和推广中，研究形式多样化，包罗万象。有学者说："半个世

纪之前，口述历史从现代历史科学内部分离出来，初步形成一门独立的学科，其发展速度之快，影响之大，涉猎范围之广，就连国际史学界圈内人士也始料未及。"①但在发展过程中，我们也要看到，新媒体形式给口述历史带来发展机遇的同时，也面临挑战，这些问题只会随着数字化的不断发展而加剧。

口述历史的访谈人物讲述的是亲身经历的故事，移动互联网信息公开可能会对被采访人的隐私和信息安全带来严峻的挑战，这就需要后期剪辑人员对内容的严格把控，剪辑前和被采访人达成共识，在最大程度还原被采访人所讲述历史故事真实性的同时，对其涉及个人隐私内容画面进行取舍，成片后发给口述者再次核对，最大可能降低伦理风险。

（三）媒介加工与历史真实

采用媒介对口述历史呈现的过程，是否会消减历史的真实和客观性？面对如此海量的信息，想要获得受众的注意，就要一定程度上迎合当前受众需求，可能会产生为了结果效果有意将历史细节夸张化或遮掩②，但是，口述历史是历料的重要部分，具有真实性与客观性，这就产生了媒介加工与历史真实的矛盾。

口述历史的媒介呈现时，应当把握好内容与形式的矛盾。在形式上增加表现手段的精彩，同时也应注意在增加内容吸引力的同时，

---

① 熊月之.口述史的价值 [J].史林,2000(03).
② 骈瑞芳.从传播学的角度看口述历史在数字化时代的转变 [J].社会科学前沿,2019(4).

不破坏历史的真实性。表现丰满历史人物的同时，找寻所记录故事中的精彩之处，还原真实历史的同时，加强其艺术渲染，通过历史画面影像与画面，在节目中增加相关文献的加载与叙述，在保证史实真实的前提下，增加故事的吸引力。①

（四）疾痛叙事与后疫情伤痛

个体的生命历程嵌入了历史的时间和他们在生命岁月中所历的事件之中，同时也被这些时间和事件所塑造着。②2020 年新型冠状病毒全球传播，在若干年后，是否会造成一代人的集体记忆伤痛（Collective Memory Trauma），可以借鉴美国社会学家 G.H. 埃尔德的《大萧条的孩子们》③的研究设计，作后续研究。

尼尔以 20 世纪以来美国发生的重大事件，探讨了国家伤痛与集体记忆民族的关系，集体遭受社会破坏事件滋长的伤痛和愤怒的情绪形塑社会"道德群体"，国族伤痛的累积效应可以构造一个群体的身份认同。④下南注的伤痛记忆如此，新冠肺炎的肆虐也是如此。

疾病作为一种独特的生命体验，成为不可复制的口述素材。抗疫大国、方舱医院、赴鄂医疗团队等成为一代人不可磨灭的生命历程，特别是疾痛的亲历者与参与者。新型冠状病毒康复群体、医护工作

---

① 黄梦婷. 口述历史《下南洋》之广播节目主持与音频剪辑 [D]. 厦门理工学院，2020.6.

② 周晓虹，朱义明，吴晓萍. "口述史研究"专题 [J]. 南京社会科学,2019(12):10-23.

③ ［美］G. H. 埃尔德著，田禾、马春华译. 大萧条的孩子们 [M]. 译林出版社 .2002.

④ Arthur G. Neal. *National Trauma and Collective Memory: Major Events in the American Century*[M].New York：N.E Sharp. 1998：1,22.

者、赴鄂采访记者、湖北人民等都成为大国抗疫的亲历者与参与者，如何讲好抗疫的"中国故事"，成为当下口述历史的一个课题。抗疫口述史，不仅有助于对外传播我国积极抗疫的声音，还可以构建群体的国族认同，提升民族凝聚力。

本章从视听觉传播的角度出发，探讨了口述历史作为新兴交叉学科，在特殊时期媒介实践的创新。本研究从口述历史"下南洋"的实践，探讨了疫情时期的口述历史实践，提出了相关前沿问题的思考。

面对口述历史在疫情时期采集存在的困境，我们应当充分把握数字时代的有利条件，不断创新制作和传播手段，加快口述历史数字化进程，使大量濒临消逝的口述历史资源得到有效保存和传播，逐步建立可电子获取的大数据库。本研究为口述历史提供记录和呈现方式的新媒体探索，努力推进口述历史理论研究和实践操作并进。

结　语

　　本书按照从整体到局部，从面到点，从理论到实践再到理论的逻辑顺序展开。

　　已有的东南亚华文传媒的研究大多局限于报刊，对广播、电视、新媒体领域的研究较少，已有关于华语视听觉传播的研究内容滞后于现实，不少东南亚华语媒体经历重大调整，亟须更新相关学术研究。本书第二章针对已有研究的缺陷，首先探讨了东南亚华语视听觉传播的三大载体：纪录片、电影、广播电视的发展现状，同时探讨了移动互联网时代华语的新媒体传播。研究过程查询最新资料，访谈东南亚媒体从业人员，获得东南亚华语传播最新动态。第二章的研究取向为研究内容尽量达到全面、准确和新鲜。

　　第二章研究发现，华文教育对华语视听觉传播起到至关重要的作用，而华语文化的发展，离不开华语媒体的支持。因此本书籍第三章选取新加坡作为研究个案，深入探讨新加坡极具独特性的华文大学——南洋大学与华语视听觉传播，继而以新谣为研究对象，探讨新加坡的文化艺术与华语视听觉传播的关系与相互作用。第三章的研究取向是深刻、透彻和思辨。

不论探讨东南亚华文教育、华语媒体、华语文化艺术，第二、第三章研究东南亚华语视听觉传播的落点在于新加坡华人的认同研究，借由华语的视听觉传播，探讨东南亚华人的文化认同与国族认同等。

东南亚华语视听觉传播呈现出的认同要有几方面因素主导：

其一是文化自觉。东南亚有部分20世纪三四十年代出生的华人媒体人至今依然致力于华文媒体传播，就是基于一种对于对中华文化认同而产生的对华文传播强烈的责任感与使命感。1971年出生的邓宝翠拍摄《我们唱着的歌》是希望呈现一代热爱华文新加坡人的面貌。曾经在华校就读，在中文报馆工作的邓宝翠，对于新加坡本土华语文化的热爱，促使她拍摄了一部纪录片。文化自觉是通过艺术实践，表达个人文化认同的使命感。

其二是资金引导。华语媒体的发展离不开资金的支持。长期以来，东南亚华人社团就有支持华语媒体发展的传统。新加坡影片的拍摄资金都颇为有限。陈睿翰的《戏曲总动员》就获得了新加坡双语基金会的支持①。2017年，新加坡华族文化中心委托陈子谦制作的《回程667》由五部短片组成，该片展现了地方方言和华族文化。出资的"老板"很大程度上影响了题材与内容的选择，而这些出资方是否为个人或组织投钱，被资助对象对族群与文化的认同感是重要的考量因素。

其三是他人塑造。导演拍摄华文题材影片，有时也在于社会对

---

① 朱力南.陈睿翰：中新文化交流的"戏剧小子"[N]. 福建日报.2017,12(14).

导演个人身份的塑造。邓宝翠拍摄《从维多利亚街到宏茂桥》蔡於位拍摄《公教中学校友五十周年金禧庆纪》是因为这两位导演分别是圣尼格拉、公教中学校友，他们已经被贴上了"华校生"的标签。他人塑造的认同符合族群认同建构论 (Constructionism) 的基本观点，即社会成员的认同并不是原生的，而是在社会互动中不断改变的。

所以看待华语视听觉传播中东南亚华人的认同，不同单纯地看待纪录片、电影、广播电视的内容呈现，更应该深挖深层动因。

第四章依据从理论到实践，再从实践到理论的过程展开。首先，探讨了华侨华人口述史传播过程中存在的问题，并以此为基础，笔者指导团队进行东南亚华侨华人口述史工程"口述历史'下南洋'"实践，并基于此制作广播系列节目《口述南洋》，在公众号传播获得良好的效果，在口述历史采集后期遇到了新型冠状病毒疫情，团队克服困难，探索出了一条在新媒体环境下口述历史采集的新道路。该章基于对东南亚华侨华人口述历史的采集实践展开理论分析。

东南亚华人的记忆是一代代华人移民口耳相传的在东南亚艰苦创业、拼搏奋斗的记忆，是华夏历史记忆当中不可或缺的一部分。作为中华文化的重要组成部分，华语、中华文化在海外的传播与传承常常是学界容易忽视的部分，如前所述，东南亚至今保留着我国早已丢失的律诗，还有非物质文化遗产、民间风俗信仰等，亟待抢救性挖掘与探讨。

通过对华语在东南亚的视听觉传播现象分析，可知海外华人的认同机制较为复杂，东南亚各个国家华人对政治、国群的认同也不尽相同，通过影像叙事分析，找寻导演表达的深层意涵，分析其系列作品当中体现的认同的共性及变化，横纵向对比探寻媒介表达与认同机制之间的关系。

参考文献

一、中文著作

陈晓锦，张双庆主编．首届海外汉语方言国际研讨会论文集 [C].
广州：暨南大学出版社，2009.

王泰来等编译．叙事美学 [M].重庆：重庆出版社，1987.

麦欣恩．再现 / 见南洋：香港电影与新加坡 (1950—65) [D].新加
坡：新加坡国立大学中文系，2009.

林太乙．林语堂传．新北：台湾联经出版社 [M], 1989.

胡兴荣．记忆南洋大学 [M].桂林：广西师范大学出版，2006.

雷瀚编．南大春秋 [M].新加坡：风下工作室，2008.

孙小惠．华文高等教育与中华文化传承 [D].拉曼大学中华研究
院，2015.

陈嘉庚国际学会学术小组．南大精神 [M].新加坡：八方文化企业
公司，2003.

陶东风 . 后殖民主义 [M]. 台北：扬智文化事业股份有限公司 [M],
2000.

费孝通 . 乡土中国 [M]. 上海：上海人民出版社 , 2006.

王明珂 . 华夏边缘 历史记忆与族群认同 [M]. 北京：社会科学文
献出版社 , 2006.

鲁虎编 . 新加坡（Singapore）[M]. 北京：社会科学文献出版社 ,
2004.

李威宜 . 新加坡华人游移变异的我群观 语群、国家社群与族
群 . 台北：唐山出版社 , 1999.

王国维 . 宋元戏曲史 [M]. 上海：上海古籍出版社 , 1998.

赵振祥 . 东南亚华文传媒研究 [C] 北京：世界知识出版社 , 2009.

世界华文传媒年鉴编辑委员会编 . 世界华文传媒年鉴 2017 [M].
北京：世界华文传媒年鉴社 , 2019.09.

世界华文传媒年鉴编辑委员会编 . 世界华文传媒年鉴 2017 [M].
北京：世界华文传媒年鉴社 , 2017.09.

世界华文传媒年鉴编辑委员会编 . 世界华文传媒年鉴 2015[M].
北京：世界华文传媒年鉴社 , 2015.06.

世界华文传媒年鉴编辑委员会编 . 世界华文传媒年鉴 2017 [M].
北京：世界华文传媒年鉴社 , 2013.09.

夏春平主编 . 世界华文传媒年鉴 2011[M]. 北京：中国新闻社；
北京：世界华文传媒年鉴社 , 2011.08.

夏春平主编 . 世界华文传媒年鉴 2009[M]. 北京：中国新闻社；

世界华文传媒年鉴社 , 2009.08.

郭彦，陈宏昌，彭伟步 . 传承与超越 海外华文传媒历史与现状分析 [M]. 北京：中国国际广播出版社 , 2012.01.

二、中文译著

［英］韩素音著 . 陈德彰 . 林克美译 , 1991. 韩素音自传：吾宅双门 [M]. 北京：中国华侨出版社 , 1991.

［瑞士］菲尔迪南·德·索绪尔著 . 高明凯译 . 普通语言学教程 [M]. 北京：商务印书馆 , 1980:94-95.

［新加坡］廖建裕 . 东南亚与华人族群研究 [M]. 新加坡：新加坡青年书局出版社 .2008.

［新加坡］郭振羽 . 新加坡的语言与社会 [M]. 台北：正中书局 , 1985.

［澳］王赓武著 . 王赓武自选集 . 上海：上海教育出版社 [M], 2002.

［美］本尼迪克特·安德森，吴叡人译 . 想象的共同体：民族主义的起源与散布 [M]. 上海：上海人民出版社 , 2003

［新加坡］云惟利 . 新加坡社会和语言 [D]. 新加坡：南洋理工大学中华语言文化中心，1996.

［荷］米克·巴尔著，谭军强译 . 叙述学：叙事理论导论（第三版）[M]. 北京：北京师范大学出版社 ,2015.

［美］罗伯特·麦基著，周铁东译 . 故事——材质、结构、风格和

银幕剧作的原理 [M]. 北京：中国电影出版社 ,2001.

［美］詹姆斯·克利福德（James Clifford），（美）乔治·E. 马库斯（George E. Marcus）著；高丙中，吴晓黎，李霞等译. 写文化：民族志的诗学与政治学 [M]. 北京：商务印书馆 , 2006.06.

［新加坡］庄永康. 新加坡华社研究 [C]. 新加坡：BPL（新加坡）教育出版社 , 2002.

［美］曼纽尔·卡斯特（Manuel Castells）著；曹荣湘译. 认同的力量 第 2 版 [M]. 北京：社会科学文献出版社 , 2006.

［美］哈罗德·伊罗生著；邓伯宸译. 群氓之族 群体认同与政治变迁 [M]. 桂林：广西师范大学出版社 , 2008.

［美］史书美. 视觉与认同：跨太平洋华语语系表述·呈现 [M]. 台北：联经出版事业股份有限公司 , 2013.

［新加坡］林清如. 我的黑白青春我方的历史 [M]. 新加坡：脊顶图书出版社 , 2014.

［美］孔飞力著，李明欢译. 他者中的华人 [M]. 南京：江苏人民出版社 , 2018.

［英］斯托克斯（Jane Stokes）著，黄红宇、曾妮译. 媒介与文化研究方法 [M]. 上海：复旦大学出版社 , 2006.

［美］杜维明. 文化中国的认知与关怀 [M]. 台北：稻香出版社 , 1999.

［美］杜维明. 文化中国 扎根本土的全球思维 [M]. 北京：北京大学出版社 , 2016.

［新加坡］周清海．新加坡词汇与语法 [M].2002.

［法］安德烈·巴赞著，崔君衍译．电影是什么？ [C]. 南京：江苏教育出版社 ,2005.

［新加坡］李光耀著．李光耀回忆录 我一生的挑战 新加坡双语之路 [M]. 南京：译林出版社 ,2013.

［新加坡］李光耀著．风雨独立路 李光耀回忆录 1923—1965[M]. 北京：外文出版社 ,1998.

［新加坡］李光耀著．经济腾飞路 李光耀回忆录 1965-2000[M]. 北京：外文出版社 ,2001.

［美］史书美著．反离散 华语语系研究论 [M]. 台北：联经出版事业股份有限公司 ,2017.

［新加坡］许维贤．华语电影在后马来西亚：土腔风格、华夷风与作者论 [M]. 新北：联经出版社 ,2018.

［美］费·金斯伯格,（美）里拉·阿布 - 卢赫德,（美）布莱恩·拉金编．媒体世界 人类学的新领域 [M]. 北京：商务印书馆 ,2015.

［新加坡］许维贤．重绘华语语系版图：冷战前后新马华语电影的文化生产 [M]. 香港：香港大学出版社 ,2018.

［美］萨义德著，王宇根译．东方学 [M]. 北京：生活·读书·新知三联书店 ,2007.

［法］米歇尔·福柯（MichelFoucault）著，谢强、马月译．知识考古学 [M]. 北京：生活·读书·新知三联书店 ,2007.

［新］尼古拉斯·塔林主编．剑桥东南亚史第 2 卷 19 世纪至 20 世纪．昆明：云南人民出版社，2003.

［美］马克．波斯特．第二媒介时代 [M]．南京：南京大学出版社，2001.

三、英文著作

Shu-Mei Shih. *Visuality and identity: Sinophone articulations across the Pacific*[M].Oakland: University of California Press.2007.

H.W.William. Social Engineering in Singapore: Education Policies and Social Change 1819-1972[J]. *Contemporary Southeast Asia*.1979:197-198.

Seldon H.Lu and Emilie Yeh.Introdction: Mapping the Field of Chinese-Language Cinema[A].*Chinese-Language Film: Historiography, Poetics, Politics*[C].Sheldon H. L and Emilie Yeh (eds.), Honolulu: University of Hawaii Press. 2005.

Wanning Sun, John Sinclair. *Media and Communication in the Chinese Diaspora: Rethinking Transnationalism*[M], Abingdon :Taylor & Francis, 2015.

Maria Ng, Philip Holden. *Reading Chinese Transnationalism: Society, Literature, Film* [M], Hong Kong : Hong Kong University Press, 2006.

Liew Kai Khiun. *Transnational Memory and Popular Culture in East and Southeast Asia: Amnesia, Nostalgia and Heritage*[M],

London& New York: Rowman & Littlefield International,2016.

Ien Ang. On *Not Speaking Chinese. Living Between Asia and West*[M]. Routledge.2001.

Shu-mei Shih. What is Sinophone Studies [A] . Shu-mei Shih，Chien-hsin Tsai，Brian Bernards (eds.) .*Sinophone Studies: a Critical Reader* [C]. New York: Columbia University Press，2013.

SFC. Full Screen Ahead-Looking Beyond 20 Years of Supporting Singapore Cinema[R].2

致　谢

作为一个生于漳州，长于泉州，工作于厦门的女孩，我与东南亚课题的缘分似乎冥冥中早已注定。曾经在中国传媒大学求学，回到厦门从事大学播音主持专业教学工作，一晃已经过去9年。记得刚入职那会，我就开始了科研生涯，选择了一个极具地方特色的闽南语播音主持的研究方向，当时学科泰斗级的老专家劝我，这个方向是出不来成果的，一来闽南语太小众，二来播音主持专业研究在优质南大核心上发文困难，的确如此，写文一时爽，发文愁断肠。不过兴趣战胜了一切，我坚持了下来，从屡次拒稿再到稿件被接收，一篇，两篇，许多篇，我的研究发表于南大学术期刊，准备出版书籍，也主持了教育部一般课题，这些科研成果对于一个曾经学习播音主持艺术专业的学生来说，不敢想象，回想起来，不过坚持二字。

这些年来，我的科研轨迹沿着：闽南语广播电视研究——华语广播电视研究——闽南语在东南亚媒体的视听觉传播——华语在东南亚媒体的视听觉传播的方向向前前进。在我科研的早期，就涉及闽南语、华语的海外传播，后来我意识到，自己听得懂闽南话、粤语，做东南亚华语视听觉传播是最合适不过的了。

感谢给予我帮助的厦门大学新闻学教授阎立峰老师，厦门大学人类学教授宋平老师，厦门大学历史系教授曾玲老师，厦门大学人文学院教授周长辑老师，新加坡南洋理工大学中文系副教授许维贤老师，新加坡国家档案馆口述历史中心高级研究员、新加坡国立大学兼任助理教授赖素春等人，非常感谢你们给予我的帮助，感谢！

此外，还特别鸣谢新加坡亚洲电影资料馆、新亚洲影志对本研究的大力支持。

最后，感谢曾是双军人的父母给予了我坚忍不拔的意志和顽强奋斗的品格。感谢我的家人们给予我的支持，这些品格和意志是我人生中最宝贵的财富。